「人財育成」の教科書

〜指示待ち人間ゼロの組織を作る５つの鉄則〜

人が変わる！　組織が変わる！

人財育成コンサルタント
入江 元太
IRIE Genta

Clover
クローバー出版

まえがき

あなたの会社では、人財育成、どのように行っていますか?

新型コロナウイルス感染拡大の影響で、「売上減の中、人財育成は不要不急」「三密対策により集合研修ができない」「OJTは濃厚接触につながるのでやりにくい」となり、人財育成が思うままにできない会社が急増しました。

とはいえ、「このまま人財育成をしないでいいのですか?」と問いかけると、「決してそうではない。今は一旦休止中だが、近いうちに再開させる」とおっしゃいます。

再開させたとしても、以前と同じような方法で行うという会社は多くなさそうです。コロナにより、時代は変わりました。ポストコロナの時代にどう人財育成を行えばいいのか。新たな時代に対応した人財育成法が求められています。

そこで本書では、**「新時代に対応した効果的・効率的な人財育成法」**を世に問うことといたしました。

「新時代に対応した効果的・効率的な人財育成法」を検討するにあたり、大事なのは、その目的です。何のために人財育成をするのか。どんな人財を育てたいのか。こうした「人財育成目標」を明確にする必要があります。すると、さらに上位に目的があることに気づかされます。そう、「理念」（ビジョン）です。わが社は何のために存在するのか。何を実現したいのか。結局、これが大事になります。

わが社はこのことを実現するために存在する、そのためにはこんな人財が必要、その人財を育成するためにこのような人財育成法が必要という流れで考えるのが自然です。これは目的思考なので、実現確度が高まります。

そこで本書では、この3ステップをもとに人財育成について検討していきます。

①「理念」（ビジョン）を明確にする。

②「理念」（ビジョン）を実現するためにはどんな人財が必要か、「人財育成目標」（目指す人財像）を明確にする。

③「人財育成目標」（目指す人財像）通りの人財を育成するために何をすればいいか、「新時代に対応した効果的・効率的な人財育成法」を考える。

この3ステップ、全て大事ですが、本書で特に言及しているのが、②です。それは、多くの会社で、人財育成目標がわかりにくいものになっているからです。人財育成目標がいろいろな言葉で表現されており、「こんなスーパーマンにはなれないでしょ」「結局何を目指せばいいの」「そもそも人財育成目標なんて意識してないし」となっている会社が実に多い。これでは人財育成目標の意味がありません。目標は意識しなければ実現しません。そこで、まず人財育成目標をわかりやすく描くことから、本書はスタートします。

この人財育成目標の考え方として、**「資質・能力三本柱」「人財育成五元論《じんざいいくせいごげんろん》」**を、第1章で紹介します。この人財育成五元論に基づいて、第2〜7章で述べる形で人財育成を行うことで、**「人財育成目標通りの人財が育つ」**ことを本書のゴールとしています。

申し遅れました。私、入江元太と申します。**「人財育成で日本を元気にする!」**を理念とし、人財育成コンサルタント・研修講師として、年間100回以上の研修を行っています。これまで、一部上場企業や、日本最古の知的障がい者支援施設など、累積200社、1000回、1万名以上の方に研修を行ってきました。

この道に入ったきっかけは2009年です。この年に初めて新人合宿研修に登壇し、人が変わる瞬間を共創できたことに感動し、以来12年間、人財育成講師道を追求しています。2011年から年間100回以上の研修を行うようになり、多い時には180回もの研修を行う年もありました。全力で研修を行うことで、受講者のモチベーションを高めること、そして行動変容を促せるようになりました。しかし2014年から、壁にぶつかります。

半年間以上のシリーズ研修を終える。最後は受講者全員で決意表明・プレゼンテーションを行い、最高潮を迎える。それから人も、会社も、さらに変わっていく、はずでした。が、その半年後以降にその会社にうかがうと、あの情熱はどこにいってしまったのか。あれ？　と思うのですが、雰囲気は元通り。こんな会社がぽつりぽつりと出てきたのです。研修が「打ち上げ花火」（その場は変わるが長続きしない）になっていることに気づきました。

ここから探求の旅が始まります。どうすれば人は変わり続けるのか、会社は変わり続けるのか、研究・分析を重ねました。その結果を研修で実践し、検証し、改善することを繰り返しました。その結果見出したのが「資質・能力三本柱」であり、「人財育成五元論」です。

この理論に基づき、研修で主体的に話し合う場づくりに専心し、会議活性化や高速ＰＤＣＡ化を促進することで、「離職ゼロ化」「志望者倍増」「業績Ｖ字回復」などの成果が多数出てきました。

本書では、「人財育成五元論」という理論を中心に、「人財育成目標の確立法」や「新時代に対応した効果的・効率的な人財育成法」を考察しています。そして、この理論に基づいて研修を行った結果、人と会社がどう変わったかという事例について紹介しています。

本書はわかりやすく記しましたので、人財育成を行う方にも、人財育成を受ける方にも楽しくお読みいただけると思いますが、特に、

- **ポストコロナ時代の人財育成をどう行うか検討中のリーダー・人財育成担当者・社長**
- **あの人を育てたい！　というリーダー**
- **わがチームをよりよくしたい！　というリーダー**
- **リーダーを目指す若者**

にお役に立てるよう、記しました。

あなたの部下が変わる。あなたの会社が変わる。変わり続ける。そのきっかけを本書からつかんでいただけたら、これに勝る喜びはございません。

目次

「人財育成」の教科書

～指示待ち人間ゼロの組織を作る5つの鉄則～

CONTENTS

第1章 人財育成 Training

第2章 主体性 Independence

第3章 人間性 Moral

第4章 専門性 Skill

第5章 志 Mission

第6章 自分史 History

第7章

目標

Vision

第1章
人財育成
Training

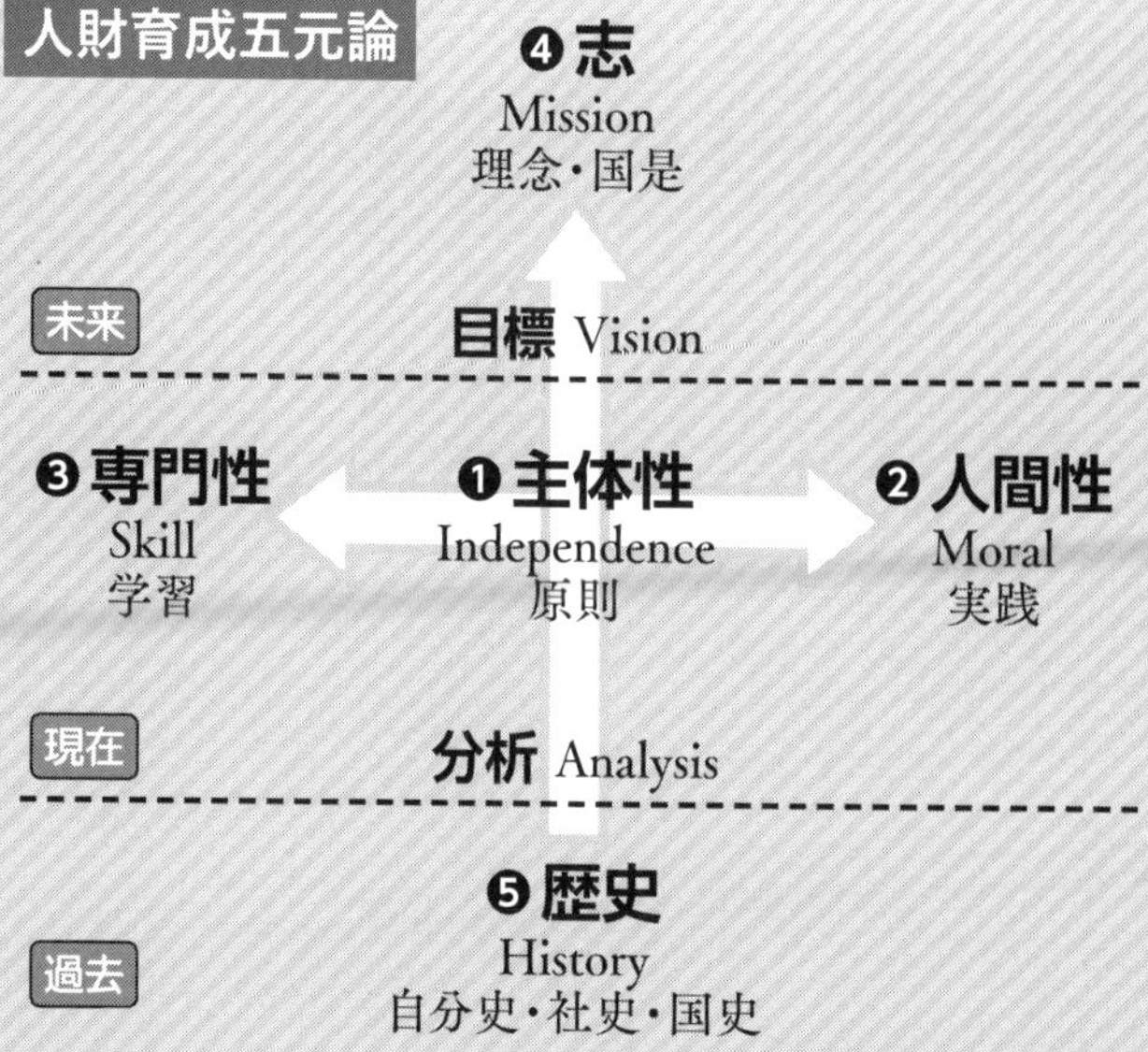

あなたの会社に熱意あふれる社員は、何%ほどいますか？

閉塞感《へいそくかん》漂う社会だからこそ、人財育成が必要です

あなたは、部下に、どんな人になってほしいと思っていますか？
人財育成の本論に入る前に、まずは日本の若者の現状を理解しましょう。
わが社にはこんな若手社員、いるのかな？　そんな感覚で、「こんな話、うちにもあるわ」と思ったら、次ページの項目にチェックを付けてみてください。

いかがでしょうか。中には笑い話みたいな項目もありますが、いくつチェックが付きましたか？

0〜2　若者が育っている会社
3〜6　一般的な会社
7〜10　若者が育っていない会社（伸び代のある会社）

「今時の若者」事例チェック

- □ 初出社の日に母親と一緒に来た
- □ 宛名に「御中《おんちゅう》」を付けるように言うと、「want you」と書いた
- □ 遅刻の理由「ママの具合が悪くて起こしてもらえなかった」
- □ 「熱あるんで会社休みます」とLINEで連絡。電話はないの?
- □ 何度教えても同じミスをする。教え甲斐がないなあ
- □ 「教えてもらってないからできません」。そこまで人のせいにするんだ
- □ 権利主張が強い。公の意識が薄く、私の意識が強い
- □ 飲み会を避ける。「飲み会には残業代出るんですか」と言ってくるツワモノも
- □ 「○○さんが退職したいと言っています」と退職代行業者から電話がかかってきた
- □ 退職後、未払い残業代を請求された

このような若者が、確かにいるのです。それも平成になり、令和になり、徐々に増えてきているように感じます。「こんな若者を育てないといけないのか…」「どう育てればいいんだろう」「どこから手を付ければいいんだろう」と嘆いている方、多くいらっしゃいます。しかし、この問題、あなたの部署だけでなく、会社全体に広がっているかもしれません。

そこで質問です。あなたの会社に、熱意あふれる社員は何パーセントくらいいますか？直感で構いません。「熱意あふれる社員」の定義も、自分なりの感覚にお任せします。ざっくり何パーセントくらいいるように感じますか？

実は、この質問への回答は、すでに集計がとれています。一般的な日本企業の平均値がわかります。

アメリカのギャラップ社が世界139カ国で調査した「エンゲージメント（仕事への熱意度）調査」によると、熱意あふれる社員の割合は、日本企業平均で、なんとたった6％。日本企業には17人に1人しか熱意あふれる社員がいない、ということです。さらにこの調査では、残る94％の社員のうち、やる気のない社員が70％、周囲に不満をまき散らす

熱意あふれる社員（2017/5/26 日本経済新聞）

日本の従業員エンゲージメントは非常に低い

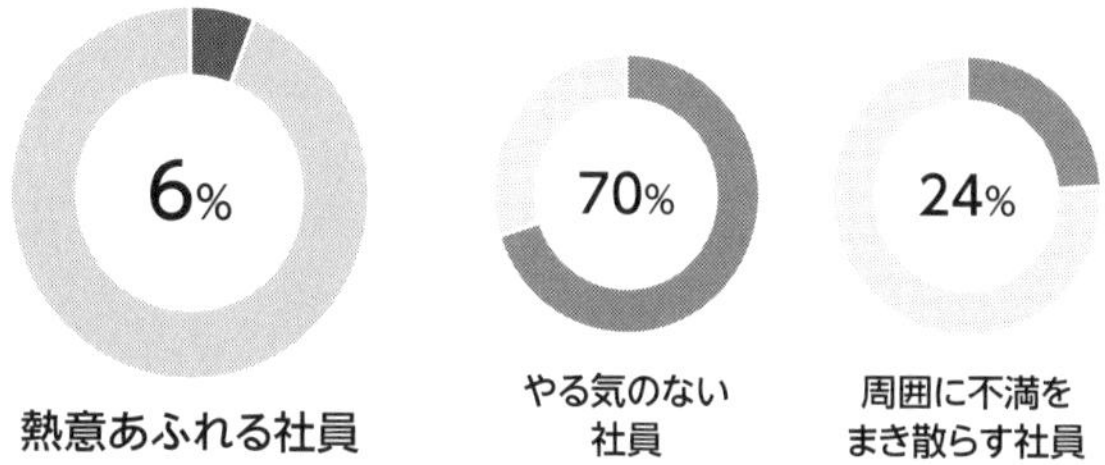

世論調査や人材コンサルティングを手掛ける米ギャラップが世界各国の企業を対象に実施した従業員のエンゲージメント（仕事への熱意度）調査によると、日本は**「熱意あふれる社員」の割合が6%しかない**ことがわかった。米国の32%と比べて大幅に低く、調査した**139カ国中132位**と最下位クラスだった。

社員が24％となっています。調査した世界139カ国中、日本は132位です。惨憺《さんたん》たる結果です。

ここから読み解けるのは、問題なのは若者だけではなく、日本の会社員全体に、いや、もっというと、国民全体に熱意・活気・やる気がないということです。現代日本には、慢性的な閉塞感が漂っているとよくいわれますが、このことが図らずも証明されたような結果になりました。いわば**「自分から積極的に動きたくない。何をやってもどうせ変わらない。どこから手を付けていいかわからない。誰かなんとかしてよ」**病です。あたかも社会全体が思考停止しているかのようです。

この閉塞感漂う社会の中で、会社を経営し、社員を育成していかねばならないわけです。経営者・リーダー・管理職のみなさんの苦労は並大抵のものではありません。とはいえ、「大変だから、人財育成やーめた」というわけにはいかないですよね。国民全体に熱意がない中でも人財育成をしなければ、人が育たないのでサービスレベルが上がらず、他社に負けます。市場から淘汰《とうた》されます。

日本国民全体に熱意が乏しいからこそ、熱意を高めるため、そして成果を出していくために、なおさら人財育成が大事な時代になりました。

ですが、大丈夫。日本は、幕末の植民地危機からたった30年で近代国家を創り上げました。戦後の焼け野原からたった20年で世界第2位の経済大国を築き上げました。そのベースになったのは、人です。人を育てたのです。人財育成です。私たちの先達《せんだつ》は人財育成をやってきました。私たちにはそのＤＮＡが備わっています。やってやれないわけがない。やれば人は育つし、やらなければ日本はこのまま沈みます。やるだけです。

その人財育成法について、これから述べていきます。

あなたの会社には、どのようなジンザイが多いでしょうか？

「人材」や「人在」を「人財」に育てるには、どうすればいいのでしょうか

「ジンザイ」って、普通は「人材」と書きますよね。

「人財」というのは造語です。それなら最初から「人材」と書けばいいようなものですが、本書ではあえて「人財」と記しています。これにはどのような意味があるか、おわかりになりますか？

ジンザイには4つのタイプがあるといわれます。その最上位が「人財」なので、「人財」を目指して育成していこうという観点で、「人財育成」と本書では記しています。それでは、この「4タイプのジンザイ」とは、どのような人のことをいうのでしょうか。

①人財

ジンザイの最上級です。会社にとってかけがえのない財産、宝物のようなジンザイのことです。お客様の期待を超える仕事（＝志事）をします。自燃人（じねんじん、自ら燃えるような情熱をもつ人）ともいわれます。

②人材

4タイプのジンザイ

人財	期待を超える志事をする人。 会社にとってなくてはならない **財産。宝物。**自燃人。
人材	期待を満たす仕事をする人。 会社にとって佳き**材料。資源。** 可燃人。
人在	期待を下回る作業をしがちな人。 **会社にいる（在る）**のはいいが、 それだけの人。不燃人。
人罪	周りの人のやる気を削ぐ人。 **いること自体が罪**な人。 消燃人。

一般的なジンザイのことです。会社にとって佳き材料、資源といえるジンザイです。お客様の期待を満たす仕事をします。可燃人（かねんじん、燃える人のそばにいると自分も燃える）ともいわれます。

③人在

会社に在る（ある、いる）だけのジンザイです。頭数としてはありがたいのですが、代わりのきくジンザイです。お客様の期待を下回る仕事（＝作業）をしてしまいがちです。不燃人（ふねんじん、なかなか燃えない）ともいわれます。

④人罪

会社にいること自体が罪なジンザイです。不平・不満・愚痴が多く、周りにいる人のやる気を削ぎます。お客様の期待を下回る仕事（＝作業）ばかりをします。消燃人（しょうねんじん、周りにいる人の火を消す）ともいわれます。

それでは、あなたの会社には、この4タイプのジンザイ、どれくらいの割合でいますか？

組織には、2：6：2の法則があるといわれます。これは、組織を形成すると、どんな組織でも、よく働く人2割、普通に働く人6割、働かない人2割に収斂《しゅうれん》していく、という法則です。これは自然界でもよく見られ、働きアリや働きバチの世界でもこうなるといわれています。

日本の場合、前述のギャラップ社の調査結果と、私の講師としての肌感覚から勘案すると、人財6％、人材20％、人在50％、人罪24％くらいの割合になると感じています。

これでは、上位4分の1の人が下位4分の3の人を引っ張らなくてはいけないことになります。なかなか大変です。そりゃあ閉塞感が漂うわけです。が、やってやれないことはありません。その人財育成法を、これから述べていきます。

あなたの会社が目指す人財像は、どのような人ですか？

3つの柱で考えると、目指す人財像を描けます

「人財育成目標はもちろんあります。が、うまく説明できません」

このような会社、実は多いのです。この場合、誤解を恐れずに申し上げると、人財育成目標が絵に描いた餅になっているといえます。人財育成目標を表現はしているが、社員同士で共有・共感ができていない。人財育成目標を意識して人財を育成していない。だから、てんでバラバラ。育成能力のある上司についた部下は育つが、そうでない上司の部下はなかなか育たない。このようなことが日常的に起こっているということになります。

それでは、「人財育成目標」（目指す人財像）をわかりやすく描きましょうよ、ということになりますが、いざ表現しようとすると難しいものです。端的にわかりやすく表現するために、どうすればいいのでしょうか。

わが社の人財育成目標を考えるにあたり、参考になるものがあります。それは、わが国の育成目標です。わが国は、国民の教育の目的を「教育基本法」という法律で定めていま

資質・能力三本柱

	専門性	主体性	人間性
社会で求められる力 社会人基礎力	**専門知識** 専門的な知識,技能,資格 **基礎学力** 読み,書き,算数,基本ITスキル **考え抜く力** 課題発見力,計画力,創造力	**専門知識・基礎学力を活かす力** **前に踏み出す力** 主体性,働きかけ力,実行力	**人間性** 基本的な生活習慣 思いやり,公共心,倫理観、基本的なマナー,身の回りのことは自分でしっかりやる **チームで働く力** 発信力,傾聴力,規律性
学習指導要領 **3つの柱**	生きて働く **知識・技能** の習得 何を理解しているか、何ができるか	未知の状況にも対応できる **思考力・判断力・表現力** 等の育成 理解していること・できることをどう使うか	学びを人生や社会に活かそうとする **学びに向かう力・人間性** 等の涵養 どのように社会・世界と関わり、よりよい人生を送るか
幼児期に育ってほしい **10の姿**	数量・図形、文字等への関心・感覚 言葉による伝え合い	健康な心と身体 自立心 思考力の芽生え 豊かな感性と表現	協同性 道徳性・規範意識の芽生え 社会生活との関わり 自然との関わり・生命尊重
保育5領域	**言葉**	**健康** **表現**	**人間関係** **環境**

す。それを具体化したものとして、社会人の育成目標は「社会人基礎力」として経済産業省が提唱しています。学生・生徒・児童の育成目標は「学習指導要領」として文部科学省が告示しています。幼児の育成目標は「保育所保育指針」「幼稚園教育要領」等として厚生労働省・文部科学省等が告示しています。

それぞれの育成目標にはもちろん違いがあるのですが、「社会人基礎力」「学習指導要領」「保育所保育指針」等を読み合わせると、根本は同じことを言っていることがわかります。

それは、**「主体性」「人間性」「専門性」**の3つです。この3つの柱は、「資質・能力三本柱」と表現できます。

あなたの会社の「人財育成目標」(目指す人財像)も、この「資質・能力三本柱」に基づいて考えると、スッキリとわかりやすく表現できます。主体性としては○○、人間性としては○○、専門性としては○○と定める形です。人財育成目標を、箇条書きでいろいろと羅列したり、もしくは長い文章で表現するよりも、人がもっとも記憶しやすいといわれる3点に分けて表現することで、記憶に残る人財育成目標を定めることができます。

人財育成目標に向けて、どのように育成すればいいのでしょうか?

カギは、過去〜現在〜未来にわたる時間軸にありました

「専門性」とは、専門知識、基礎学力、技能、資格といったもののことです。これは、教育や学習によって習得することができます。会社においては、OJT(職場内教育)、Off-JT(業務外教育)、SD(自己啓発)を行うことで育むことができます。

「人間性」とは、基本的な生活習慣、思いやり、公共心、マナー、規律性といったもののことです。これは、言い換えると、人として当たり前のことを実践する力のことです。例えば、挨拶《あいさつ》・返事・後始末・掃除・時を守る・約束を守る・親を敬《うやま》う・人と仲良くする・遵法・勤勉・勤労といったことです。私たちが幼いころより親や先生から言われてきたことであり、実際にやってみると気持ちいいことなので、誰もが大切であると知っています。が、100%実践しているかというと、心もとないものです。ですから「人間性」は、人として当たり前のことを「実践」することによってのみ磨くことができます。やれば変わるし、やらなければ変わらない。それが人間性です。

「主体性」とは、思考力、判断力、表現力、実行力といったもののことです。これは、ど

うすれば育むことができるのでしょうか。
実は、これが難しいのです。学習指導要領には「専門性と人間性を育み、目標をもって行動することで伸ばすことができる」といった表現はありますが、いかにも総花的です。主体性を育むためにどうすればいいか。私は自身が行う研修を通じ、いろいろな方法を調査・実践・検証してきました。その結果、もっとも大事なのは、自らの思考や行動の**「原則」**（価値観・判断基準）を定め、その「原則」に基づき行動することだとわかってきました。

人が、自らの原則を決め、原則に基づき行動する。成功すればその原則は正しいことが証明され、自信になります。失敗すればその原則を修正する。自ら考え、自ら原則を修正し、新たな原則に基づき行動する。こうして、「自ら考え、自ら判断し、自ら決定し、自ら動く」を繰り返していくうちに、主体性が磨かれていきます。

原則を確立できていなければ、判断基準が曖昧《あいまい》なので行動が首尾一貫しません。いつも自信をもてずに行動し、うまくいってもたまたまだから自信が高まらない。失敗したらさらに自信を失う。このような悪循環に陥ります。今時の若者は、自信のない人ばかりです。研修で「自信ありますか？」と質問すると、ほとんど手が挙がりません。なぜ自信がないのか。それは、自らの原則が確立できていないからです。

日本には、古来、神話（古事記や日本書紀など）や民話がありました。そこには、物語で、こういうことをすればうまくいくし、こうするとうまくいかないという教訓が含まれています。これをそれぞれの地域や家庭で、子供たちに伝承していました。こうして一人ひとり「原則」が確立できていたのです。

江戸時代以降は「論語と算盤《そろばん》」です。人として何が正しくて、何が正しくないかの判断基準を、論語や算盤を通じ、家庭や寺子屋で教えていました。

明治時代以降は「教育勅語《きょういくちょくご》」です。教育勅語は軍国主義が暴発する起点になったと否定する方もいらっしゃいますが、書かれている12の徳目は美しいことばかりです。これにより、日本人として何が正しくて、何が正しくないかを教育していました。

こうした教えが戦後、なくなってしまいました。人として何が正しくて、何が正しくないか、判断基準を教わることがなくなりました。子供たちが自らの原則を確立する機会を失いました。自らの原則、考え方の軸がないから、判断に迷い、ふらふらと行動する。こんなことを繰り返しているから、自信＝自らを信じる力が確立できないのです。

ですから、私も教育者として、学校教育の現場で、原則＝人生の指針を定める教育をすることで、この国の若者の自信を育む支援をしたいのですが、学校教育を変えようとすると大きすぎる壁があるわけです。そこで、国の教育体系を変えるという大仕事は、未来にわたって行うことにしました。今はまず、会社の教育研修の仕組みを整える仕事に全力投球です。これにも十分すぎる意義があります。なぜなら、若者の人生において、人格を養成する最初の場所が「会社」である場合が多く、「原則」に触れる最初の場面が、会社の**「理念・行動基準・ルール」**という場合が多いからです。

会社の理念・行動基準・ルールが確立されており、それが教育やＯＪＴで伝承されていれば、若者にとって会社の原則が自らの原則の基礎になります。人として正しいこと・正しくないことの基準をここで育むことができます。その原則が、若者の家庭で、子育てで発揮されます。これは若者の人生や家庭を変えることになるので、よりよい未来につながります。そういう意味で、会社で若者の人格を養成する、そして理念・行動基準・ルールを確立し伝承するというのは、とても大きな意義のあることだと信じています。

この主体性の基盤となる「原則」を確立するためには、専門性と人間性を育むことが大事ですが、もう一つ大事なことがあります。それは、**「時間軸で考える」**ということです。過去、どういう出来事があったからその原則を確立するに至ったのか。そして未来、どこに向かいたいからその原則を実践するのかという、過去〜現在〜未来にわたって一貫性をもって考えることにより、原則が強固なものになります。

具体例を挙げます。過去に辛いいじめにあったことがある。あんなに辛い思いをする人は自分だけでもうたくさん。自分みたいな人を増やしたくない。いじめのない世の中をつくりたい。それには、養護教諭の資格、話を聴くためのカウンセラーの資格、話を伝える講師としてのスキルが必要。そのための行動原則として、相手に寄り添う、相手の立場に立つ、笑顔を絶やさない。これを実践しよう。

こんな感じです。このように、歴史（何のために）を踏まえ、志（どこに向かうのか）を描いた上で原則を定めると、原則がただのマイブームで終わらない、確固たるものになります。あきらめない理由があるから、必ず実践する原則になります。

この「主体性」「原則」を中心に、横軸に資質・能力の両輪である「専門性」と「人間性」を描き、縦軸に時間軸として未来の「志」と過去の「歴史」を描くことで、人財育成

人財育成五元論

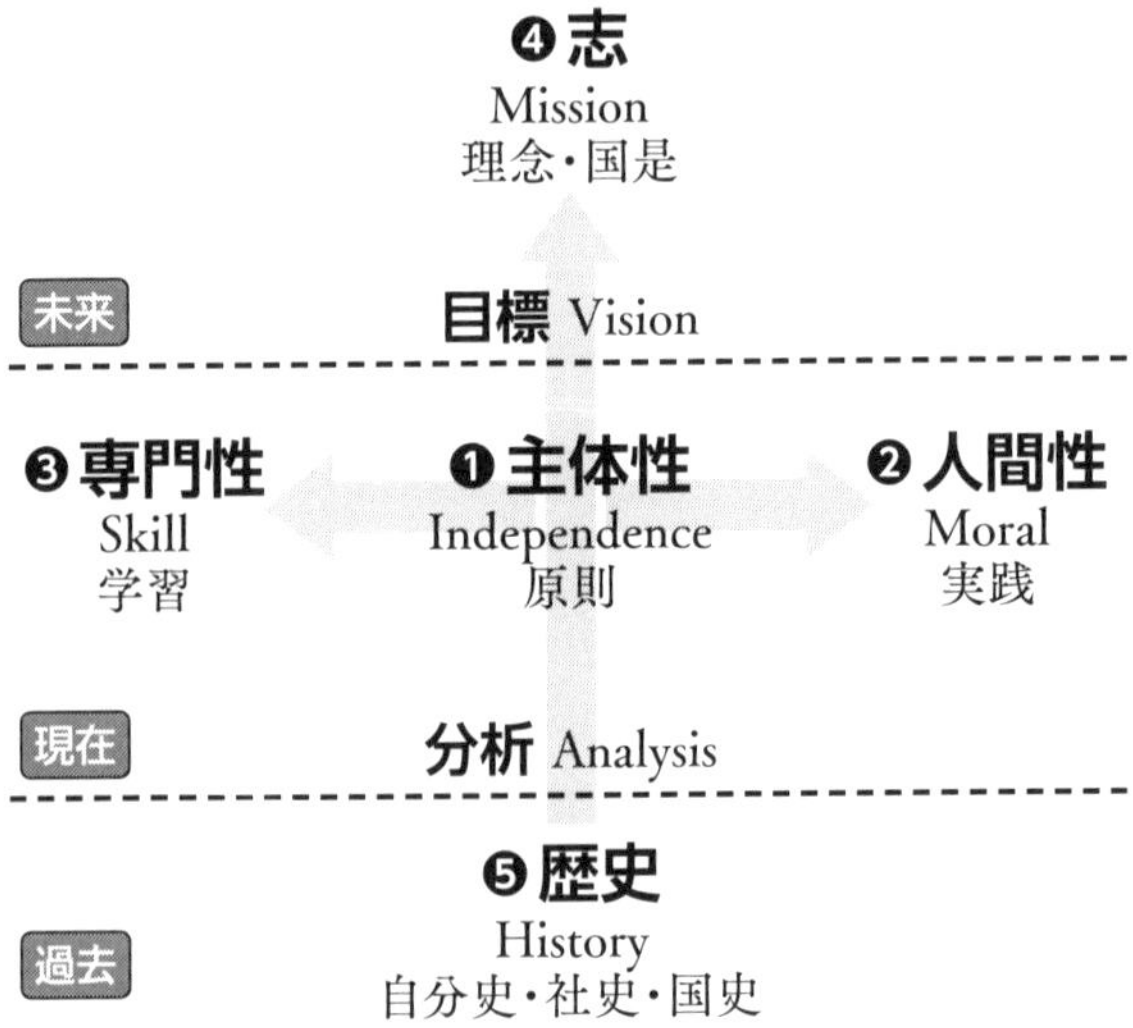

とは何をするものなのか、図で表現できます。題して**「人財育成五元論」**です。

　この「人財育成五元論」に基づいて考えると、わが社（または自分）の人財育成目標を、バランスよく描けます。記入用シートを後述しますので、ぜひ、描いてみましょう。

「むむ、なかなか描けない」そんな方も、本書を読み終えれば描けるようになりますので、どうぞご安心ください。なお、記入用シートと、私が記入した事例は、別途ダウンロードできるようにしてあります。詳しくは巻末をご覧ください。

「人財育成五元論」の定義付け

❶	主体性	前に踏み出す力、思考力、判断力、表現力、実行力。Independence
	原則	自ら定めた思考や行動の原則に基づき実践することで、主体性が高まる
❷	人間性	基本的な生活習慣、思いやり、公共心、マナー、規律性。Moral
	実践	人として当たり前のことを実践することで、人間性が高まる
❸	専門性	課題を解決する力。専門知識、基礎学力、技能、資格。Skill
	学習	専門分野について学習することで、専門性が高まる
❹	志	何のために生きるのか、どこに向かうのかを決めること。人生の目的。Mission
	理念	企業理念。わが社は何のために存在するのか、どこに向かうのかを示すもの
	国是	国家の存在目的。大方針。わが国は何のために存在するのか。どこに向かうのかを示すもの
❺	歴史	過去から現在までの変遷。History
	自分史	自らの誕生から現在までの半生史
	社史	会社の創業から現在までの歴史
	国史	国の建国から現在までの歴史
*	目標	目的(志・理念・国是)を実現するための中間到達地点。標(しるべ)。Vision
	分析	過去～現在～未来についてを分析することで、より納得性の高い志・目標・原則を定めることができる
	自律型人財	自らの原則に基づき、自ら考え、自ら判断し、自ら決定し、自ら行動できる人のこと。本書における人財育成目標

人財育成五元図（個人編）

❶ あなたの人生における大きな出会いや出来事は？（試練・栄光）

❷ あなたの志は？

❺ あなたの主体性の基礎となる思考や行動の原則（判断基準）は？

❷-2 あなたの目標（志を果たすための中間到達地点）は？

❹ あなたの専門性目標は？（専門知識・技能・資格）

❸ あなたの人間性目標は？（人間関係・空間・時間）

年　　月　　日

社名:

記入者:

人財育成五元図（会社編）

❶ わが社の創業の想いは？　過去にあった大きな出来事は？（試練・栄光）	❷ わが社の理念は？
❺ あなたの主体性の基礎となる思考や行動の原則（判断基準）は？	❷-2 わが社の目標（理念を実現するための中間到達地点）は？
❹ スタッフの専門性目標は？（専門知識・技能・資格）	❸ スタッフの人間性目標は？（人間関係・空間・時間）

年　月　日

社名:

記入者:

事例

「定期的な人財育成研修で、新人も会社も変わりました

ビフォー・アフターで、スタッフの定着率など、6つの変化がありました

とある会社で、新人研修を、4〜9月までの半年間、月1〜2回ペースで行いました。この研修を毎年継続することにより、新人が、職場が、どう変わったのか。人財育成責任者の方にインタビューしましたので、ご紹介します。

①研修が楽しい場となった

研修で感動する機会がありますよね。気持ちに訴えてくるものがあります。だからこそ、研修が楽しい場になりました。研修というと、上司に言われたから嫌々行くものだと認識しているスタッフも多かったと思います。現場を抜けて研修に行くのも申し訳ないと思ったり、勉強するのも面倒くさいと思ったり。でも、勉強が苦手なスタッフでも、「あの研修に出るのが楽しかった」「こんな研修なら毎回出たい」と言ってくれています。全体的に研修に前向きになりました。研修に対する現場の空気感も変わりました。以前は「なんで研修にスタッフを出さなきゃいけないの?」という感じでしたが、今は「この研

修に出たい!」と言って勤務調整したり、「この研修行ってきたら?」と部下へすすめるようになってきました。

②新人が育っていくことが実感できる

毎回毎回、新人を20人も現場から研修に出すのって、実はすごく大変なんです。けれど、新人研修にはきちんと参加させるものなんだな、とみんなが思い始めていますね。それは、現場のスタッフが、新人が育っていくのを実感できているからだと思います。だから、協力してあげようと思うんじゃないかな。新人同士が仲良くなったり、2年目になったばかりのスタッフが全国大会で事例発表をしてくれたり。新人が確実に育っています。

③新人の仲間意識

新人たちの仲間意識が芽生えることがいいことですね。以前の新人研修は、4月の1週間で終わっていました。そこから一部署一人ずつ新人が配属されて散り散りになってしまうと、コミュニケーションがだんだん減っていくんですね。そのころに入ったスタッフは、最初は新人同士話したけど、今は全然会わないと言っています。それが、半年の新人研修を受けた人は、今でも同期会をやっていたりしています。同期として、困った時や迷った時、それこそある部署で「こんなに辛い！」という時でも話を聞いてくれる人がいる。一人で悩むよりも話を聞いてくれる人がいるという安心感がものすごくあるみたいです。

④スタッフの定着

スタッフの定着率が徐々に高まっています。今年の新人は半年間、誰も辞めませんでした。毎年、新人20人のうち一人くらい辞める人がいるのですが、今年はいなかったので、よかったと思います。新人研修で同期のチーム力が育つのは本当にありがたいです。

⑤発表力

研修を受けたスタッフが外から評価されているのは、嬉しいことです。とある外部研修会で、講師の先生が「○○社の人はすぐにわかります」とおっしゃっていました。「きちんと自分の意見を言うし、グループワークの意図もわかっていて、職場で教育を受けている感じがわかります」と。外からそういう評価をいただけることはありがたいと思います。研修のおかげですね。会議では伝達事項が多く、話し合いが少ないからこそ、研修を受けている若い人が、自分から発言する空気を発してくれるのはありがたいです。

⑥挨拶・電話の印象

挨拶も褒めていただくことが多くなりました。ボランティアさんをはじめ、外部の方々がお褒めの言葉を伝えてくださいます。特に電話応対が変わりました。電話の応対は顔が見えないだけに難しいものですが、研修後は、内線の受け方も自分の部署と名前を先に言えるようになっています。研修受けた人と受けていない人の応対が全然違いますね。

以上、いかがでしょうか。定期的に研修を行うことで、新人の社会人基礎力が育まれ、新人同士の連帯感・チームワークが高まり、新人を送り出す側の職場の雰囲気も変わった、定着率も高まったという事例です。人財育成の効果を実感いただけたら幸いです。

第2章

主体性

Independence

人財育成五元論

主体性とは、前に踏み出す力、思考力、判断力、表現力、実行力といったもののことです。いわば、自ら考え、自ら判断し、自ら決定し、自ら行動する力のことです。

主体性を育むためには、自らの思考や行動の「原則」（価値観・判断基準）を確立すべし、と前述しました。原則をもつからこそ、私たちは原則に基づき主体的に判断できるようになります。原則がなければ、事あるごとに悩み、迷い、苦しむことになる。行動が首尾一貫しない。右往左往する。自信が生まれない。だからこそ、自らの「原則」を確立したほうがいいわけです。

それでは、私たちは、どのような「原則」を定めればいいのでしょうか。どうせ原則を定めるのであれば、いい原則がいいに決まっています。天地自然の理に則っている。それをやるだけで、自分も、周りも、幸せになれる。そんな原則がいいに決まっています。

そのような原則とは、どのようなものなのでしょうか。その「原則」の代表例について、順を追ってお話しします。

目の前で起きることは、よくも悪くも全て、自分に原因があります

変わるべきは相手ではなく自分。そう思って行動すると全てが変わります

世界44カ国語に翻訳され、全世界3000万部、日本でも累計200万部以上発行された世界的ベストセラー『7つの習慣』の冒頭で、著者のスティーブン・R・コヴィー博士は、次のように述べています。

「自己責任の原則」
「問題は自分の外にあると考えるならば、その考えこそが問題である」

松下電器（現パナソニック）の創業者であり、経営の神様と称えられている松下幸之助翁は、次のように述べています。

「全ての因は我に在り」
「幸せになるためには、私がかかわることで、

うまくいかないとすれば、全て私に責任があると考えることです。『全て、原因は私にあります』と考え、『自分から敢然として変わる』ことが、幸せな人生、物事がうまくいく基本中の基本です」

「僕はな、物事がうまくいったら、いつもみんなのおかげと考えた。その代わり、物事がうまくいかない時は、全て原因は私にあると考えてきた。おかげで、うまくいった時は慢心しなかったし、うまくいかなかった時は、厳しく自分自身を反省することができた。

それが、人生を渡る秘訣、経営をうまくやるコツとも言えるかもしれんな」

コヴィー博士も、松下幸之助翁も、「身の回りに起こった問題の原因は、全て自分にある」と言っているわけです。このこと、あなたは納得できますか。

私は正直、最初は納得できませんでした。なんであいつがやったことの原因が自分にあるんだよ、と。あいつの意思で勝手にやったことなんだから、あいつに原因があるに決まってるだろ、と。しかし、学んでいくにつれ、「自己責任の原則」「全ての因は我に在り」がわかってきました。

なぜ「全ての因は我に在り」なのか。それは、人は、人にものすごく大きな影響を与えているからです。あの人が笑顔だと物事がうまくいく。逆に、あの人がイライラしていると気になってうまくいかない。こんなこと、私たちは人生において山ほど経験してきたのではないでしょうか。そう。人は人に影響を与えています。特に周りの人には絶大なる影響を与えています。半径3メートル以内に起こった出来事の原因は自分にもある、そう考えたほうが自然です。

量子力学という科学では、全ての物質（素粒子）は、人が見ていないと波動になり、人が見ていると粒子になる性質があるという研究結果が報告されています。人は、人にも、物質にも影響を与えているということが、科学で証明されました。「思いは叶う」「念ずれば花開く」「人生思い通りになる」「思考は現実化する」「引き寄せの法則」というのは、科学でも証明されていることなのです。

だからこその「自己責任の原則」「全ての因は我に在り」です。

ところが、この自己責任、なかなかできるものではありません。どうしても他者責任にしてしまう。なぜなら、**「自己防衛本能」**が発動するからです。人は、人から攻撃を受けると、とっさに避けたり逃げたり反撃したりします。なぜか。痛いからです。痛いのは嫌だからです。死にたくないからです。

身体（フィジカル）面はもちろんですが、精神（メンタル）面でも自己防衛本能は発動します。人から責められたり怒られたりすると、言い訳をする、人のせいにする、反論する。これらは全て自己防衛本能のなせる業《わざ》です。私たちは、責められたり、怒られたくない生き物なのです。だからこそ、物事全てを自己責任にするのはいかにも辛い。他者責任にすれば責められないし、怒られません。他者責任にするほうが、自分にとって、明らかに楽なのです。

しかし、他者責任には、２つ問題があります。

問題１　成長しない

他者責任というのは、無意識ではありますが、「悪いのは相手。私は悪くない」という立ち位置での考え方です。私は悪くないのだから、変える必要はありません。変わらなければ、成長しません。他者責任にすると、自らの行動変容につながりません。

例えば、遅刻したとします。あなたなら、上司にどう報告しますか。

多くの人が、「電車が遅れた」「道が混んでいた」などと言い訳をします。「寝坊した」

とはなかなか言わないものです。しかし、本当に「電車が遅れた」「道が混んでいた」としても、100%そのせいにできるのでしょうか。

その時間の電車に乗ったのは自分、その時間に家を出たのは自分なのですから、電車の遅延に巻き込まれたのも、渋滞に巻き込まれたのも、責任の一端は自分にあるはずです。であれば、その事実を真摯《しんし》に受け止め、明日からあと15分家を早く出よう、15分早く起きようとしない限り、次に同じ出来事が起こった時にまた遅刻します。事実を真摯に受け止め、自己責任に気づき、行動変容しない限り、同じ過ちが繰り返されてしまいます。

問題2 もめごとになる

「悪いのは相手。私は悪くない」という考え方は、無意識に、相手の悪しきを責める考え方です。人は鏡です。責められたら、相手だって「君のほうこそ悪い。私は悪くない」と考えます。お互い責め合いになってしまうのです。責め合いは、だんだんエスカレートし、ひどくなると喧嘩《けんか》になります。国と国がもめたら最後は戦争です。

全てのもめごとの原因は、自分を変えようとせずに、相手を変えようとすることにあります。友達同士の言い合いも、夫婦喧嘩も、戦争も、元をたどれば、全て、「自分は変わらない。お前が変われ」に端を発しています。

以上により、他者責任は、成長しない、もめごとになるため、いいことは何もないのです。他者責任にすると、瞬間的には楽になりますが、長い目で見るとろくなことがない。成長しないし、もめるだけ。であれば、「自己責任で生きる」と決め、実行するしかありません。そうすれば、全てのことがうまくいくと、コヴィー博士も、松下幸之助翁もおっしゃっています。

「主体変容」という言葉があります。「変える主体は、相手ではなく、自分」を意味する言葉です。他者責任を自己責任に変えるということです。するとどうなるか。人を責めない、人を変えようとしない。自らが変わるため、もめることがなくなります。これを家庭で行えば、家庭からもめごと、喧嘩がなくなります。全世界の人が行えば、世界から戦争がなくなります。これって素晴らしいことではありませんか。戦争をなくすのは、核の保有や武力放棄ではなく、人を責めない、人を受け容れる、自分が変わることにあるわけです。

人類が生まれて10万年が経つといわれています。が、未だに戦争を克服できていません。科学の発達により、ボタン一つで地球を破壊できる兵器まで開発してしまいました。科学は行き着くところまで行ったわけです。しかし、人間の進化は科学の発達に追いついていません。未だに世界のどこかで戦争が起こっています。どうすればいいのでしょうか。

主体変容です。他者責任を自己責任に変えるのです。これを全人類ができれば、瞬時に世界から戦争がなくなるわけです。といっても、全人類が主体変容を同時にやり始めるのはいかにも難しい。では、どうすればいいのでしょうか。

まず自分から、周りの人へ、です。まず自分が主体変容し、自分の半径3メートル以内のもめごとをなくしませんか。自分が主体変容をすることで周りの人も幸せになれば、その素晴らしさに気づく人が一人、また一人と増えていくかもしれません。こうして主体変容の輪が広がっていけば、いつか全人類にまで広がるだろうというのは、夢物語でしょうか。確かに簡単ではありません。10万年を経ても世界平和は実現できてないわけです。とはいえ、武力だけでは平和は実現できません。この真理を人類はそろそろ知るべきです。

鏡を見たら顔が汚れていた。鏡をふきますか？　顔をふきますか？

相手は鏡に映った自分。自分を変えると、自然と相手も変わっていきます

鏡を見たら、顔に汚れがついていました。汚れを消すために、鏡をふきますか？　それとも顔をふきますか？　もちろん、顔をふきますよね。鏡である相手を変えるのではなく、自分が変わる。これが大事なことくらい私たちはわかっているのです。とはいえ、これが実生活となるとなかなかできない。そんなことはありませんか。

「人は鏡」について、『万人幸福の栞』（丸山敏雄）という本にわかりやすい文章があります。ご紹介します。

「人は人、自分は自分と、別々のいきものだと考えるところに、人の世のいろいろの不幸がきざす。実は人はわが鏡である。自分の心を映す影像にすぎぬ。山彦のよべば答える、それにもたとえられる。にこにこして話しかけると、相手は笑みかけて答える。大声でどなれば、むっとしてにらみかえす。物売りが来る。イラナイヨと、つっけんどんに言うと、ピシャリと戸を引きしめて出て行く。

親子、夫婦、交友、隣人、全てわが鏡であって、わが心のままに変わって行く。今日までは、相手の人を直そうとした。鏡に向かって、顔の墨をけすに、ガラスをふこうとしていたので、一向におちぬ。自分の顔をぬぐえばよい。人を改めさせよう、変えようとする前に、まず自らを改め、自分が変わればよい」

つまるところ、人生、自分次第です。**「過去と他人は変えられない。自分と未来は変えられる」**のです。変えられるのは、今この瞬間の自分だけです。自分を変えれば、他人も変わることがあります。今の行動を変えれば、その先にある未来が変わります。

いくらネガティブな出来事でも、100%ネガティブというものはありません。ネガティブでも、そこから何か学ぶことはあるはずです。本当に100%ネガティブであれば、その時にもうあきらめているかもしれません。もう死んでいるかもしれません。人生で乗り越えられない壁はありません。全ての壁を乗り越えてきたからこそ、今、自分は生きています。生きているということは、そのネガティブを受け容れ、何かしらの学びに変えたからこそ生きているわけです。そう考えると、人生に起こる出来事の全てが学びになりま す。プラスになります。過去の出来事は変えられませんが、過去の出来事の意味付けはいくらでも変えることができます。

他人を変えることはできません。変えることはできませんが、変わりたくなるようにいざなうことはできます。自分が変わることで、自分の相手に対する影響力が変わり、結果、相手が変わる。そんな経験はありませんか。「勉強しなさい！」といくら言ってもきかなかった子供に、話をちゃんと聴いて共感し、目標を共有したら自ら勉強するようになり、難関校に合格。仕事にやる気を出さない若者に、見本を示し、話を聴き、共感、感謝するうちに、自ら仕事に精を出すようになり、今ではエース級の社員。こんなこと、いくらでもあります。

そうです。変えられるのは自分だけです。自分が変われば、自分の影響力が増すので周りが変わり、未来が変わっていくのです。

国内で400万部以上、世界で1500万部以上を売り上げ、発売から80年以上経っても売れ続けている世界的ロングセラー『人を動かす』の冒頭で、著者デール・カーネギーはこう言っています。

「人を動かす秘訣とは、人が自ら動きたくなる気持ちを起こさせることである」

自分が変わり、相手に自ら動きたくなる気持ちが起こることで、初めて相手が変わるわけです。

怒ろうが、テコで動かそうが、直接的には相手は変えられません。変えられないのに変えようとすると、相手はまったく変わらないので自分のストレスが溜まります。イライラします。そうではなく、変えられるのは自分だけなのだから自分を変える。相手に対する接し方を変える。怒って変わらないのだったら優しく接する。話を聴く。共感する。感謝する。やりようはいくらでもあります。いろいろ試しているうちに、相手の中に自ら動きたくなる気持ちが起こってきます。その背中をそっと押してあげる。すると相手は変わります。

直接的に怒ったりご褒美をあげることで、瞬間的に人を動かすことはできます。が、それは瞬間的な力です。その場から自分がいなくなったり、時間が経てば、すぐに元通りです。逆に、人から言われないと動かない人になってしまう場合すらあります。

「時間差の鏡の法則」という言葉もあります。相手の行動は、一歩前の自分の行動の反映です。そうとらえることで、まずは自分を変えていきませんか。

「北風と太陽」です。北風が強く吹いても人は変わらないのです。むしろ自己防衛本能を発動される場合があります。意地でも変わらないと決め込まれてしまうことすらあるのです。危険です。

そうではなく、太陽のように人に接しませんか。感謝、共感、傾聴、承認、応援、支援など、日本には美しい言葉がたくさんあります。私たちには美しい行動をする力がありま す。これを、やってみませんか。相手が変わるきっかけを、自分自身が渡すことができた時、私たちは最高な気分になるものです。

反応的に生きることをやめ、主体的に生きましょう

一瞬、間を置いて、自分にとっても相手にとってもプラスになることを考えます

人が一日に受ける刺激は、何百、何千とあるといわれます。朝目覚めること、目覚ましが鳴ること、起きること、食事をとること、味を感じること、晴れていること、雨が降っていること、電車に乗ること、人に会うこと、話をすること……。数限りない刺激を私たちは毎日受けています。その刺激に対し、あなたはどう反応していますか。主体的に、あなたらしく、生きていますか。

①朝。目覚めて時計を見る。5時30分か。目覚ましをセットした6時まであと30分ある。目覚めたらすぐに起きると決めていたけど、あと30分寝たいな。気持ちよさそうだな。グウ。

②妻に「あなたもっと家のこと手伝ってよ」と言われた。やってるじゃん。俺は仕事してるんだよ。疲れてるんだよ。家のことはもうちょっとお前ががんばってくれよと思った。言うともめるだけなので、言わなかったが、態度に出てしまった。妻は不機嫌

になった。

③ 大病を患った。なんで私ばかりこんな不幸に。どこの病院で治してもらおうか。

④ 新人が入社早々に辞めたいと言ってきた。おいおいちょっと待てよ、なんで辞めるんだ。困るじゃないか。最近の若者はストレス耐性がまったくない。だからダメなんだ。

以上、よくある話です。あなたも、同じような反応をしていませんか。

このような反応が悪いといっているわけではありません。が、こういった反応は本当にあなたらしいのでしょうか。あなたはどんな人生を送りたいのでしょうか。つい反応的・反射的・感情的に行動することで、相手はどのような行動をとるのでしょうか。その行動に対し、自分はどう感じますか。

つい反応的に行動することで、相手が愉快になり、自分も愉快になるのであれば、それはその反応が天地自然の理に適っていることなので、まったく問題はありません。問題は、反応的に行動したときに、相手が不愉快になる場合です。そして自分も不愉快になる場合です。これは理に反しているといえます。その反応は相手にとっても、自分にとっても、よくない反応だということです。

であれば、また同じことが起こった時、その反応をするのではなく、主体的な反応をしてみませんか。そのほうが、自分も相手もいい気分になる可能性が高まります。

試しに、先ほどの4つの事例を、主体的な行動に変換してみましょう。

①朝、目覚める。目覚まし時計を見る。5時30分か。少し早いけど、目覚めたということにはきっと意味がある。起きよう。せっかくいただいた時間、起きてリラックスして準備をしよう。

②妻に「あなたもっと家のこと手伝ってよ」と言われた。そうだな。妻も大変なんだな。よし、まず、話を聴こう。聴いて、やれることをやってみよう。

③大病を患った。これはどういうことなんだろう。このままの生活習慣を続けると、早死にするというメッセージだな。とはいえまだ死んでない。生きている。今のタイミングでこの病気に気づいたということは、治る可能性があるということだ。治そう。そして、今までの生活習慣を根本的に見直そう。

④新人が入社早々に辞めたいと言ってきた。もう辞めたくなるのか。何に原因があるんだろう。新人にも問題がないわけじゃないが、会社にこそ問題がある。なぜ辞めたく

なったのか、ざっくばらんに話を聴こう。まだ時間はある。

これが主体的な反応です。反応的・反射的・感情的に、相手を責めるのではなく、自己責任の原則で物事をとらえ、主体的に自分を変える行動をするということです。刺激に対してすぐに反応的に行動する必要はないのです。確かに、すぐ反応したくなることもあります。が、間を置いてみる。間を置くと、主体性を取り戻せます。**「自分はどう行動すべきか。自分にとっても相手にとってもプラスになる行動は何なのか」。**そう考えてから行動しても、遅くはありません。

アンガーマネジメントという心理療法があります。怒りと上手に付き合うための心理療法です。怒りを感じた時にすぐに怒るという行動をとることが、本当に正解なのでしょうか。人は鏡です。こちらが怒ってしまえば、相手をさらに怒らせてしまいます。怒りが怒りを呼びます。収拾がつかなくなることもあります。

アンガーマネジメントで有名なのは、**「怒りの6秒ルール」**です。怒りは6秒でピークアウトします。どんなに怒っても、怒りは6秒で減衰を始めます。6秒、間を置くだけで、怒鳴り散らして自分も相手も不機嫌になって人間関係がこじれるという、最悪の事態

主体的に生きる

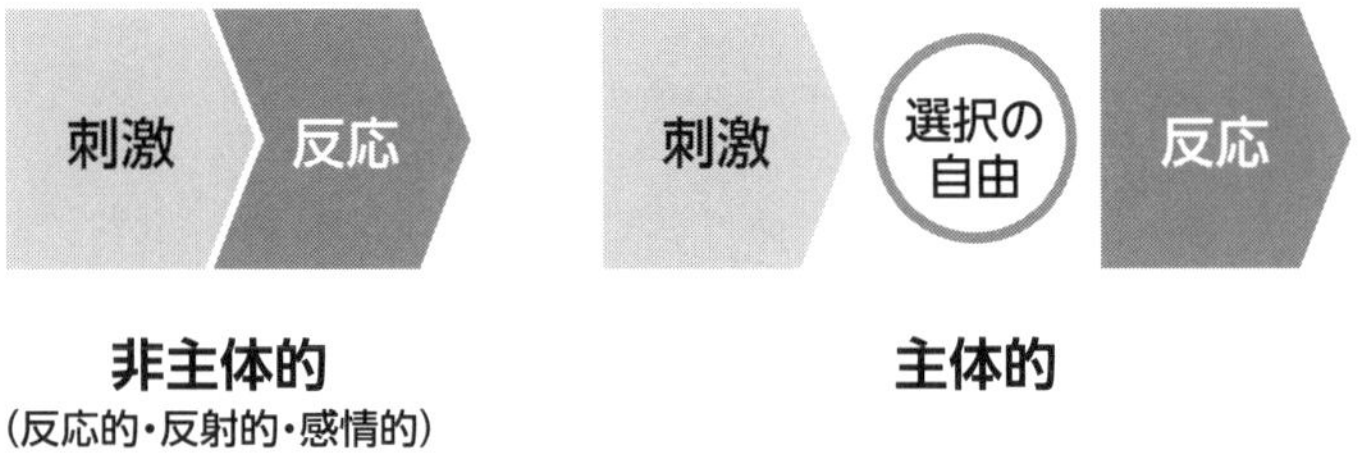

は免れます。たった6秒間です。間を置いてみませんか。

それでは、あらためて質問をさせてください。

あなたは、主体的に生きていますか。それとも、反応的・反射的・感情的に生きていますか。

そして、これからのあなたは、主体的か、反応的か、どちらの生き方をしたいですか？

人生は、自分が発する言葉通りになっていきます

いつも使っている言葉を言い換えると、人生が変わります

人生は、自分が発する言葉通りになっていきます。素敵な人・素敵な人生を送っている人はプラス言葉をたくさん発しているし、人生つまらなそうな人・表情が暗い人はマイナス言葉が多いということは、周りを見渡せばご理解いただけると思います。その人が使っている言葉と人生は、比例するものなのです。

このことは、前述した量子力学でも証明されています。「思いは叶う」「念ずれば花開く」「人生思った通りになる」ということが、科学でも証明される時代になりました。わが思いの結晶であり、わが思いの発露が、わが言葉です。わが人生は、わが言葉の通りになっていくというのは、科学でも証明されていることなのです。

「人間は、食べ物と言葉でできている」という言葉もあります。食べる物で肉体が、使う言葉で精神（心）がつくられるという意味です。心身一如です。心も体もどちらも大事ですが、肉体を動かしているのは精神だととらえるならば、ある意味、食べ物よりも使う言葉のほうが大事だといえるかもしれません。「心頭滅却すれば火もまた涼し」です。私た

ちは精神性次第であらゆる困難に打ち克つことができます。

私たちはつい、反応的・反射的・感情的に、自分が思った通りの言葉を使ってしまいがちです。これはとてももったいない。主体的に生きる、私の人生こうする、幸せになると決めたならば、まず使う言葉から主体的にしていきませんか。言葉を主体的にすることで、行動も主体的になっていきます。


それでは、**「主体的な言葉を使う」**とは、具体的にどうすればいいのでしょうか。

物事は全て、表裏一体です。表もあれば裏もあります。陽もあれば陰もあります。何かよろしくないなと思っても、それを反応的に悪く言うのではなく、主体的によい面を見てよく表現してみませんか。悪く表現するというのは責めるということです。よく表現するというのは受け容れるということです。相手を責めると責められます。言い訳をされたり人のせいにされたりします。そうではなく受け容れる。受け容れることにより、これじゃいけないなと自ら気づき、自ら変わろうと思う時がくる。言葉を換えるだけで相手に自ら変わろうという気持ちをもってもらえる場合があります。

よいと思っていることにも悪いところがあり、悪いと思っていることにもよいところがあります。私たちはつい、人のできないところが目に付き、できないところを指摘し、人のやる気を削いでしまいがちですが、これは相手にとっても自分にとってもプラスになりません。そうではなく、人のできるところに目を付け、できることを褒め、認め、感謝をし、人のやる気を高めたほうが、相手にとっても自分にとってもプラスになります。

そもそも100%完璧なんていう人はいません。これは、相手にも、自分にもいえることです。相手に100%完璧を求めると、相手からは「お前こそできてないじゃん。お前なんてもっとダメじゃん」と反論されるのが関の山です。

その第一歩が、「主体的に行動する」ことであり、「主体的な言葉を使う」ことです。

次のページに反応的・反射的・感情的な言葉を記しました。これを、主体的な言葉で言い換えてみてください。物事の悪い面を見るのではなく、よい面を見てそれを表現するということです。ネガティブなことをポジティブに表現するという意味で、「ネガポジ反転」と言う人もいます。5分でできます。やってみましょう。

いかがでしょうか。変換できましたか?

反応的・反射的・感情的な言葉を、主体的な言葉に変換しよう

①	やってられない	
②	大変だ	
③	面倒くさい	
④	ピンチ	
⑤	疲れた	
⑥	忙しい	
⑦	できません	
⑧	ルーズ	
⑨	言うことを聞かない	
⑩	落ち着きがない	
⑪	暑い	
⑫	寒い	
⑬	がんばれ!	
⑭	なんでできないの?	
⑮	しなくてはならない	

以下に、答えの一例を記します。あくまで一例で、他にもいろいろな表現があると思います。ポイントは、反応的・反射的・感情的に、物事のマイナス面だけを見てマイナスで表現しないこと。一歩引いて、間を置いて、客観的に俯瞰して、この物事にはどんな意味があるんだろうと考え、プラスな面を見つけ、プラスで表現することです。

① やってられない ⬇ やりがいがある

「やってられない」と思うことこそ、それを乗り越えた時に自分の成長の糧《かて》になります。血肉になります。人間、乗り越えられない壁はありません。乗り越えられない壁があったのなら、すでに死んでいるかも知れません。今、生きているということは、今までの全ての壁を乗り越えてきたわけです。

② 大変だ ⬇ エキサイティングだ

「大変」という言葉は、「大きく変わる」と書きます。大変がゆえに、大きく変わることで乗り越えることができるわけです。人は、大きく変われば成長します。いいこと尽くめです。どうせやるなら、「エキサイティングだ！　これをやりきった後にはどんな素晴らしいことが待っているんだろう」、そんな気分でやりきってみませんか。

③ 面倒くさい ⬇ いい機会だ

面倒くさくて、後回しにしたいこと、ありますよね。ですが、面倒くさかろうが何だろうが、やるしかないわけです。面倒くさいこととは、何かしらの圧がかかることです。圧がかかることをやれば、成長するわけです。成長のためのいい機会です。後回しにせずにやってしまいましょう。やって成長していきましょう。

④ ピンチ ⬇ チャンス

「ピンチはチャンス」、よく聞く言葉ですね。チャンス＝機会です。何の機会か。いい経験を積む機会、成長の機会ですよね。やるしかないわけです。四の五の言わず、やってしまいましょう。

⑤ 疲れた ⬇ 今日も一日よくやった

「疲れたんだから、疲れたって言葉を使って何が悪いんだ」。確かにそうです。しかし、疲れたという言葉には、影響力があります。それは、自分も、その言葉を聞いた周りの人も、疲れてきたことに気づいてしまうということです。疲れたという言葉を言ったり聞いたりすると、確かにそうだなと共感し、自分も、周りの人も、本当に疲れてきてしまいます。周りの人の元気を奪い、自分も元気がなくなるという、恐ろしい魔力のある言葉です。

さらには、親が「疲れた〜」と言って家に帰ると、子供に「仕事って疲れるんだ。大変なんだ。できればやりたくない」ということを、背中で見せることになります。子供がニートやフリーターになるのは、疲れた大人がそばにいることが原因なのかもしれません。

疲れた時でも、今日も一日よくやったという面にフォーカスする。そのほうが、自分も、その言葉を聞いた周りの人も、よほど元気になります。

⑥ 忙しい ⬇ 充実している

「忙しい」、これもよく使いますよね。「忙しいのだから、忙しいと言って何が悪いんだ」、その通りです。が、ちょっとだけ聞いてください。

「忙」という文字は、立心偏《りっしんべん》（忄）に亡くすと書きます。心を亡くしている状態を示す言葉です。確かにそうです。忙しい時は、それをこなすしかないのだから、心をなくしています。心を込める余裕がありません。心がこもってないのだから、決していい仕事とはいえません。人の心に火を灯すような、感謝、感動が生まれる仕事は、「忙しい」という言葉からは生まれてきません。仕事がただの作業に成り果てます。

「忙しい」の反対言葉は、「暇」です。忙しいと暇、どちらのほうが辛いでしょうか。私は、以前、いわゆるプータロー（無職）を4カ月間経験したことがあります。「何もやらないって楽でいいじゃん」、そう思われがちですが、人生で一番辛かったのはこの時期でした。誰からも必要とされない。人の役に立つ機会がない。一日無為に過ごすだけ。あれは本当に辛かったです。仕事を辞めて初めて気づきました。仕事があるって幸せ、忙しいって幸せだということに。

会社を定年になり、仕事を辞めて、めっきり老け込む人が多いですよね。忙しくない、暇というのは、なかなか辛いことです。忙しい時は、確かに大変なのですが、大変にフォーカスするのではなく、充実にフォーカスする。いかがでしょうか。

⑦ できません ⬇ こうだったらできます

「できません」とは、「NO」です。否定語です。「もう来るな」と聞こえることもあります。それくらい強い否定の言葉です。

「顧客に対し、できない時はできないと言う。できないと言わないと期待されて後で困らせてしまう」。確かにそうとらえることもできますが、強い否定は、顧客離反、顧客流出を招きかねません。できない時にできない面にフォーカスするのではなく、「こうだったらできます」と、できる面にフォーカスしませんか。代替案を提示するのです。すると「それではよろしく」となるかもしれません。そこから議論が生じ、第三の素晴らしい案を見出せるかもしれません。できる・できないではなく、やるか・やらないかで、第三の案を見出す。素敵なビジネスパーソン、売れる営業マンは、こうやって仕事を拡げています。

⑧ ルーズ ⬇ おおらか

時間にルーズ、だらしない人、いますよね。そんな人にどう接するかです。

「君はルーズだなあ。だらしないなあ」。そう言われて元気が出るのならいいですが、むしろ逆です。元気なんてまるで出ません。「ルーズで何が悪いんだ」「これがオレの個性だ」。このように意地を張り、ルーズが助長されることもあります。

悪い面を悪いと診断し、指摘してもあまり意味がない。むしろ逆効果。であれば、よいと思える面を見つけ、そこを指摘し、元気になったところで自ら変わりたくなる気持ちを引き出すという作戦のほうがいいかもしれません。だって相手が変わる可能性があるのだから。相手を変えたくて私たちは指摘をするわけです。悪い面を悪いと指摘して効果がなかったのなら、よいと思える面にフォーカスし、その面に心からの共感を示しませんか。

「相手が変わる」という意味では、そのほうが効果的かも知れません。

「ルーズ」であれば、例えば「おおらか」です。おおらかな人と一緒にいると、ほっとして心がやすらぎます。いろいろなことを話したくなるかも知れません。話すことで気分が和らいで、何かに挑戦したくなるかも知れません。キッチリした人よりも、ルーズな人のほうがいい面だってあります。

⑨ 言うことを聞かない ⬇ 自分の意志がある

言うことを聞かないとは、素直じゃない、言ったことをやらないということ。それでは、「自分の意志がある」と表現するのはいかがでしょうか。自分の意志をもっていない、意志薄弱な人が多い昨今、言うことを聞かないほどの意志があるというのは、ある意味大物かも知れません。人の意見を全て聞いてしまうと自分がなくなります。人の意見を受け容れるのはいいことですが、全て聞く必要はないわけです。だってその人の人生なのだから。少しくらい言うことを聞かない人のほうが大物です（まったく言うことを聞かないのはただの頑固者ですが）。自分の芯があります。芯があることに心からの共感を示し、その上で、将来どうなりたい？　と聞いたほうが、自ら変わりたくなるかも知れません。

⑩ 落ち着きがない ⬇ 行動的

落ち着きがないという言葉の言い換えは、「行動的」はいかがでしょうか。アクティブです。いくら考えたって、最後は行動しなければ何も生まれないのだから、いろいろなことに興味をもって行動できるというのは、貴重な財産です。エジソンも、アインシュタインも、ビル・ゲイツも、スティーブ・ジョブズも、幼いころはいろいろなことに興味がありすぎて、落ち着きのない子供でした。それが偉大な発明家、偉大な経営者となりました。何にでも興味をもてて落ち着きなく行動できる人のほうが、へんに落ち着いている、おとなしい子より、大成する可能性を秘めているのかも知れません。

エジソンは白熱電球を発明するのに1万回以上失敗したといいます。実験中に知人から「もう1万回は失敗しているじゃないか。電球の発明から手を引いたほうがいいんじゃないか?」と言われました。このときのエジソンの答えが最高です。「私は失敗なんか一度もしていない。1万回『このやり方ではうまくいかない』という『発見』をしただけだ」と。

自分の意志を貫くことのすごみを、このエピソードに感じます。

⑪ 暑い ⬇ 暖かい
⑫ 寒い ⬇ 涼しい

おいおい、暑い日だって寒い日だってあるのだから、「暑い」「寒い」くらい言わせてくれよ。そんな声が聞こえてきそうですが、ひとことだけ申し上げます。

「暑い」「寒い」と言っても、暑さ寒さは変わりません。むしろ、暑さや寒さに気づくから、より暑くなる、より寒くなる。であれば、言うだけ意味があるのかなと思います。

「暑い」「寒い」は、自然に対する冒涜《ぼうとく》である、という話を聞いたことがあります。聞いた時は「そこまで言わなくても……」と思ったのですが、今では妙に納得しています。だって、ここにいると決めているのは自分自身なのだから、自然に対して文句を言っても仕方がない。心からそう思います。

「暖かい」「涼しい」という美しい言葉が、日本にはあります。こちらのほうが、自然を受け容れ、自然に感謝する美しい言葉だと感じるのは、私だけでしょうか。

⑬ がんばれ！ ⬇ がんばってるな

そもそも、人が生きているということは、その人なりにがんばっているということなのです。

がんばっている人に「がんばれ！」は、あおりです。それでさらにがんばれる人はいいのですが、そうでない人もいます。逆効果もある言葉です。では、どうすればいいのでしょうか。

まず、「がんばってるな」と現状を肯定し、共感する言葉がおすすめです。「がんばってるな」と認められると、「もうひとつがんばってみようかな」と元気になる人もいるかも知れません。あおられるよりも共感されたほうが、人は元気になります。まず肯定。まず共感。ここから始めませんか。

⑭ なんでできないの？ ⬇ どうしたらできそう？

できない人に「なんでできないの？」と聞くと、どのような答えが返ってくるでしょうか。

できない理由について質問すると、できない理由を探し、答えることになります。人には自己防衛本能があるため、どうしても言い訳を言ったり、人のせいにしてしまいがちです。「なんでできないの？」という質問に対しては、言い訳や人のせいという、「他者責任」の答えが返ってきやすいのです。

私たちは学びました。他者責任は意味がなく、自己責任にして自分を変えようとしない限り、何も変わらないと。では、どうすればいいか。過去は変えられないのだから、変えられる未来について問うのはいかがでしょうか。「どうしたらできそう？」は、未来の成功に向けて、今の行動を変えるための質問です。「ああすればいい」「こうすればいい」というアイデアが生まれます。いくつか生まれたアイデアから何かを選択し、行動すれば、未来が変わります。

⑮ しなくてはならない ⬇ こうすると決めた

しなくてはならないことが溜まると、なかなか大変です。「今日中にやらなきゃ」と思いながら仕事をすること、あると思います。やらなくてはいけないと思ってやると、しんどいですよね。しんどいと思ってやると、いい仕事にはつながりにくいものです。では、どうすればいいのでしょうか。
「やれ」と言ってきたのは他人かも知れませんが、「やる」と決めたのは自分です。自分が決めたわけです。どうせやるなら楽しもう！ です。

以上、反応的・反射的・感情的な言葉を主体的な言葉に換える演習でした。他にもいろいろな答えがあります。ポイントは、その言葉を聞いた人が元気になるか、自分が元気になるかです。元気になれば全ていい言葉！ 例えば、「がんばれ！」という言葉も相手が元気だったら、さらに元気になっていいのかも知れませんが、元気がない時にはあおられて不安になります。自信がなくなります。その時は違う言葉を使ったほうがいい。相手の状態によって臨機応変に言葉を換えてみましょう。

難しく考える必要はありません。「相手も自分も元気になるためには、どんな言葉を使えばいいか」です。この観点で言葉を選べば、何も問題ありません。言葉というのは、相手を癒すことも、傷つけることもできるものですから、丁寧に使いましょう。「人生は、自分が使った言葉通りになっていく」ものです。相手も自分も元気になる、主体的な言葉を使っていきませんか。

相手が自発的に動きたくなるような働きかけをしましょう

外発的リーダーシップと内発的リーダーシップの違い

あなたは、人を動かす時、外発的に動機づけていますか？　それとも内発的に動機づけていますか？　言い換えると、指示命令で人を動かすのか、それとも相手が自ら動きたくなるように働きかけるのか、どちらでしょうか？

前者のやりかたを「外発的リーダーシップ」、後者のやりかたを「内発的リーダーシップ」といいます。具体的にどのようなリーダーシップなのか、それぞれ説明します。ここからは、外発的・内発的、自分はどちらのリーダーシップを発揮しているかイメージしながら読み進めてください。

「外発的リーダーシップ」とは、リーダーが「コントローラー」（管理者）という立場になるリーダーシップです。その行動特性は「権限」「期待」「強制」の3つです。リーダーは「権限」をもち、メンバーに過度な「期待」をし、指示命令で「強制」的にメンバーを動かします。するとメンバーはどうなるでしょうか。

メンバーは動きますが、リーダーが怖く、やらないと後で怒られるからという理由で、

外発的リーダーシップと内発的リーダーシップ

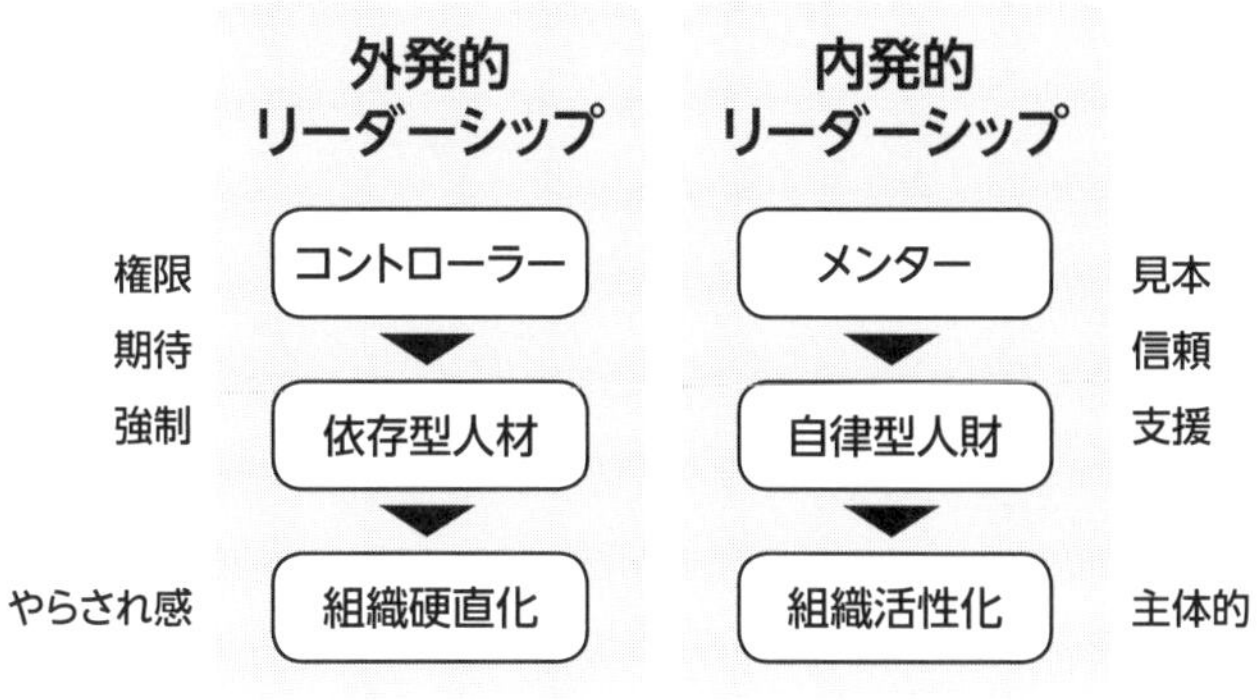

やらされ感で動きます。やらされ感だからその人が本来もっている力の一部しか発揮しません。これが続くとだんだん組織は硬直化していきます。指示命令通りに動くことをリーダーに強要されるので、メンバーの主体性はどんどん削がれていきます。いつしか主体性はなくなり、指示命令がないと動かない人間になります。こうして依存型人材、指示待ち人間が完成します。そう、リーダーががんばればがんばるほど、管理しようとすればするほど、リーダーががんばって管理しないと動かない人間が育ってしまうのです。

これに対し、**「内発的リーダーシップ」**は、リーダーが「メンター」（支援者・応援者）という立場になるリーダーシップです。その行動特性は**「見本」「信頼」「支援」**の3つです。リーダーはメンバーの「見本」となって率先垂範し、メンバーから尊敬される美しい生き方をします。メンバーを、勇気をもって「信頼」し、メンバーが今できなくてもいつかできるようになると可能性を信じ、仕事を任せます。そして、メンバーに任せた仕事の結果やプロセスについて「支援」します。うまくいったら褒め、認め、感謝をし、失敗したらできるようになるまでフォローし、共感することで、メンバーがやる気になるきっかけを渡します。するとメンバーはどうなるでしょうか。

やりますよね。見本となり、信頼し、支援してくれるリーダーがそばにいるわけです。意気に感じます。こんな人になりたいと思います。だから主体的に動きます。その人がもっている力を100％、いや、時には100％以上の力を発揮します。こうしてどんどん組織は活性化していきます。メンバーはどんどん主体的に動くことで、自律型人財になっていきます。リーダーは必要以上にがんばる必要はなく、淡々と「見本」「信頼」「支援」通りの行動をするだけで、自らを律することができる自律型人財が育っていくのです。

ここでもう一度質問させてください。あなたは、外発的・内発的、どちらのリーダーシップをとっていますか？

１００％外発的リーダーシップのみ、１００％内発的リーダーシップのみ発揮するという人はいないのですが、多くの人が外発的リーダーシップを断然強く発揮しています。なぜなら、外発的リーダーシップのほうが手っ取り早いから。指示命令すれば相手は動くしかないので、忙しい現代社会ではすぐに外発的リーダーシップをとってしまいます。

特に家庭での親にこの傾向が強いのです。子供を愛し、子供に幸せになってもらいたいがゆえに、親は子供を管理し、自分の思う通りに動かそうとしてしまいがちです。そもそも勉強は楽しいものですが、無理矢理やらされるので、子供は徐々に勉強嫌いになっていきます。無理にやらせ続けることで、子供の主体性はどんどん削がれていきます。主体的な思考は停止し、親の指示がないと動かない、指示待ち人間になっていきます。反動でひどい反抗期を迎えたり、登校拒否、引きこもり、鬱《うつ》になってしまうことも。ここで親は気づきます。私の子育ては間違っていた、私ががんばりすぎてしまった、と。

昨今では親殺し、子殺しという凄惨《せいさん》な事件が頻発していますが、突き詰めていくと、親の子育てに原因があるケースもあります。子供を愛するがゆえに、親が子を管理し、過干渉になり、子を追い詰めてしまうという側面を見逃すことはできません。

そして、親に外発的リーダーシップで育てられた子供は、自分が親や上司になった時に、同じように外発的リーダーシップをとってしまうのです。なぜかというと、外発的な方法しか人の動かし方を知らないからです。こうして外発的リーダーシップは繰り返されます。

わが家もそうです。親は子供にどうしても外発的リーダーシップをとってしまう。これをいかに内発的に変えるか、夫婦でお互いにチェックしています。子育ては親育てという言葉もありますが。子育てにより外発的リーダーシップ一辺倒から内発的リーダーシップに変えていくことができたという人もいます。

「じゃあ指示命令しなきゃいいんでしょ」と言って、外発的リーダーシップをやめ、放置する上司もいます。これもちょっと違います。放置だけでは人は育ちません。そもそも外発的リーダーシップが強かった人が、急に指示命令をやめたら、相手は何をしていいのかわかりません。自分で考えなさいと言っても、思考停止期間が長かったので、急には思考することができません。こうして組織がさらに硬直化する事例もあります。

では、どう人財育成をすればいいのか。基本は「見本」「信頼」「支援」です。特に見本です。メンバーの見本となるような働きをしているかどうかです。部下から「先輩のようになりたい」と言われたら、しめたものです。部下は、上司の一挙手一投足を真似して育ちます。**「学《まな》ぶ」**は**「真似《まね》ぶ」**です。尊敬して真似してくれれば、指示命令しなくても部下は勝手に育ちます。結局は、自分がどのような生き方をしているのかが問われています。とはいえ、無理する必要もないのです。共に育つ「共育《きょういく》」という言葉があります。リーダーがメンバーと一緒に育てばいいのです。親は子供と一緒に育てばいい。だって完璧な人などいないのだから。完璧でないから、私も謙虚に、あなたと一緒に育ちます。一緒にがんばりましょう、でいいのです。

連合艦隊司令長官・山本五十六元帥の、この言葉は有名です。

「やってみせ　言って聞かせて　させてみて
誉めてやらねば　人は動かじ」

これは、見本・信頼・支援を端的に表している言葉です。見本・信頼・支援の実践で、内発的リーダーシップをとりませんか。相手が主体性を発揮するよう、内面に火を点《つ》けるように行動しませんか。

事例

私、変わります

一人が変われば、会社が変わる。会社が変われば、未来が変わる

あなたの会社に、「気を使う人」っていませんか。「仕事をお願いしにくい」「すぐに反論してくる」「周りとの人間関係が微妙になる」、そんな人です。仕事はそつなくこなしてくれます。だから、あとはコミュニケーション力を高めてくれればいいのですが、それができない。何を言っても変わらない。言いにくい、言えない。そんな人です。

周りから見るとこうですが、本人に悪気はありません。自分は正しいと思っています。だから変わる必要なんてない、そう思っているから、変わりようがありません。

こういう人でも、自ら「変わりたい」と強く思うようになれば、変わります。その事例を紹介します。

某社で年間研修を行いました。その研修会の参加者に、一人の若い女性がいました。この方の名前を、仮にAさんといたしましょう。Aさんは、とても頭のいい人で、「すぐに気づけてぱっと行動する」という美点があるのですが、時に「歯に衣着《きぬ》せぬ物言い」や

「ちょっとつっけんどんな態度」をしてしまい、周りの人とのコミュニケーションに少々問題のある人でした。

このAさんが、年間研修のビフォー・アフターで大きな変化を遂げることになります。

初回研修。テーマは「ディズニーに学ぶ理念経営」。ディズニーランドでは、なぜアルバイトの若者たちが笑顔で本気で仕事をしているのか。そのカギは理念教育にあり！ という研修です。ここでディズニーの事例を講義した後に、この会社の「理念」と「行動基準」を参加者全員で議論し、全員の叡智《えいち》を結集してつくり上げました。研修後、参加者一人ひとりに研修報告書を書いてもらいました。Aさんの研修報告書を抜粋します。

「チームで作った『理念』だから大切にできると思います。今までやってきたことは何だったんだろう……。そう思うほど前向きに考えて研修を受けることができました。とても楽しい時間で研修の重苦しい感じがなく、いつの間にか自分から意見を出して積極的に話し合いに参加していることに驚きでした。今までは上司の意見に押されてばかりでしたが、今回は若者の意見をしっかり取り込んでいただけて、嬉しかったです」

このような、ありがたい感想をいただきました。

第2講。こちらも講師は全力講義しました。喜んでくれた方も多かったので、講師としては手応えがあったのですが、Ａさんの研修報告書はこのようなものでした。

「今まで自分のやってきたこととは違う部分もあり、なかなかすぐには変われないところもあるため、できるところから始めてみたいと思います。前回の振り返りをする中で忘れてしまっていたこともあり、振り返りの大切さを感じました。管理表はやらされている感満載でした。途中退席の場合は、最初から参加しないほうがよいですか？」

衝撃の離脱宣言です。後日話をうかがうと、家庭の事情で致し方ないとのことだったのですが、それでも衝撃の離脱宣言。初回研修報告とは雲泥《うんでい》の差。これはまずいと講師は気を引き締め、次回、次々回の研修に臨みました。第４講は「生きる意味・働く意味」について。Ａさんの研修報告を抜粋します。

「自分が幸せになるために働く。人を幸せにするため、幸せをおすそ分けするためには自分が幸せでないと分けてあげられないと思うから。生きるために、また、いただいた命を全うし、有意義に使うために働く。楽しく働きたい。働く姿を見せることで、次の世代にバトンタッチするため。生きた証《あかし》を残し、次世代につなげるため。

生きること、働くことについて自問自答し、初心に戻って考えることができた。何のために、なぜ、自分はこの会社を選び、なぜ、福祉の道を選んだのか。日々の業務に追われ、忘れてしまっていた部分を再確認でき、翌日から気持ちよくスタートができました」

変化の胎動を感じませんか。この日から、Aさんの仕事ぶり（もっというと生き方）が変わりました。周りとのコミュニケーションのとり方が変わりました。何のために生きるのか。何のために働くのか。それは「自分が幸せになるためであり、周りを幸せにするためである」と気づいたら、今までの自分の生き方では、許せなくなったのでしょう。


第6講から第7講までの間に、「褒める・認める・ありがとう」キャンペーンを行いました。「褒める・認める・ありがとう」を、いかに周りの人に自分から伝えるか、いちばん多く伝えた人、伝わってきた人をスタッフ全員で投票し、最多得票者をMVPとして表彰しよう！　というキャンペーンです。Aさん、積極的に伝えてくださったようで、なんと同率1位という快挙。半年前の、同僚とのコミュニケーションに課題があったAさんとは思えません。人は変われることを証明してくれました。この時のAさんの研修報告です。

「キャンペーンで素敵な賞をいただき、ありがとうございます。私はまだまだです。挨拶も、片づけも、報連相も……。自分にできることを少しではありますが、みんなのためにと思い、準備はできる範囲でできるだけやってきました。これからも、事前準備、仕事の組立てなど、自分のできること、得意な部分をチーム力を高めるために活かしていければと思います」


その後もAさんは徐々に、しかし着実に変化していきました。周りとの人間関係は劇的に変わりました。「Aさんの働きぶりにいい刺激を受ける」「Aさんと一緒に働きたい」、そんな声も聞こえるようになりました。研修最終回（第13講・プレゼンテーション大会）のAさんの研修報告を抜粋します。

「（プレゼンテーション準備中は）人前で発表することが嫌で嫌で仕方なかったのですが、実際にやってみて、8～10分はあっという間で、発表のために何時間も考えてつくり上げてきたものを全部出しきれてスッキリしました。

今回が最終回ということで、まとめの発表が上手にできたかわかりませんが、私たちのチームなりのまとめができたと思っています。他のチームの方々も、仕事でとても忙しい中、手の込んだ発表となっていて驚きました。それぞれのチームの個性がこんなにも出るんだと。楽しく研修を終えることができました。

発表の準備や発表など、一つのことに向けて全員で取り組んだために、時間を調整したり、協力し合ったり、得意な所を活かしたりと、気づいたら研修で受けた講義の内容が『発表』という課題の中に全て入っているように思えました。なぜ発表があるのか少しわかった気がしました。

本当に今までありがとうございました」

人は変われる。組織は変われる。このことを講師自身も深く気づかされた事例です。Aさん、そしてこちらの会社のみなさま、貴重な機会をいただき、ありがとうございました。

第3章
人間性
Moral

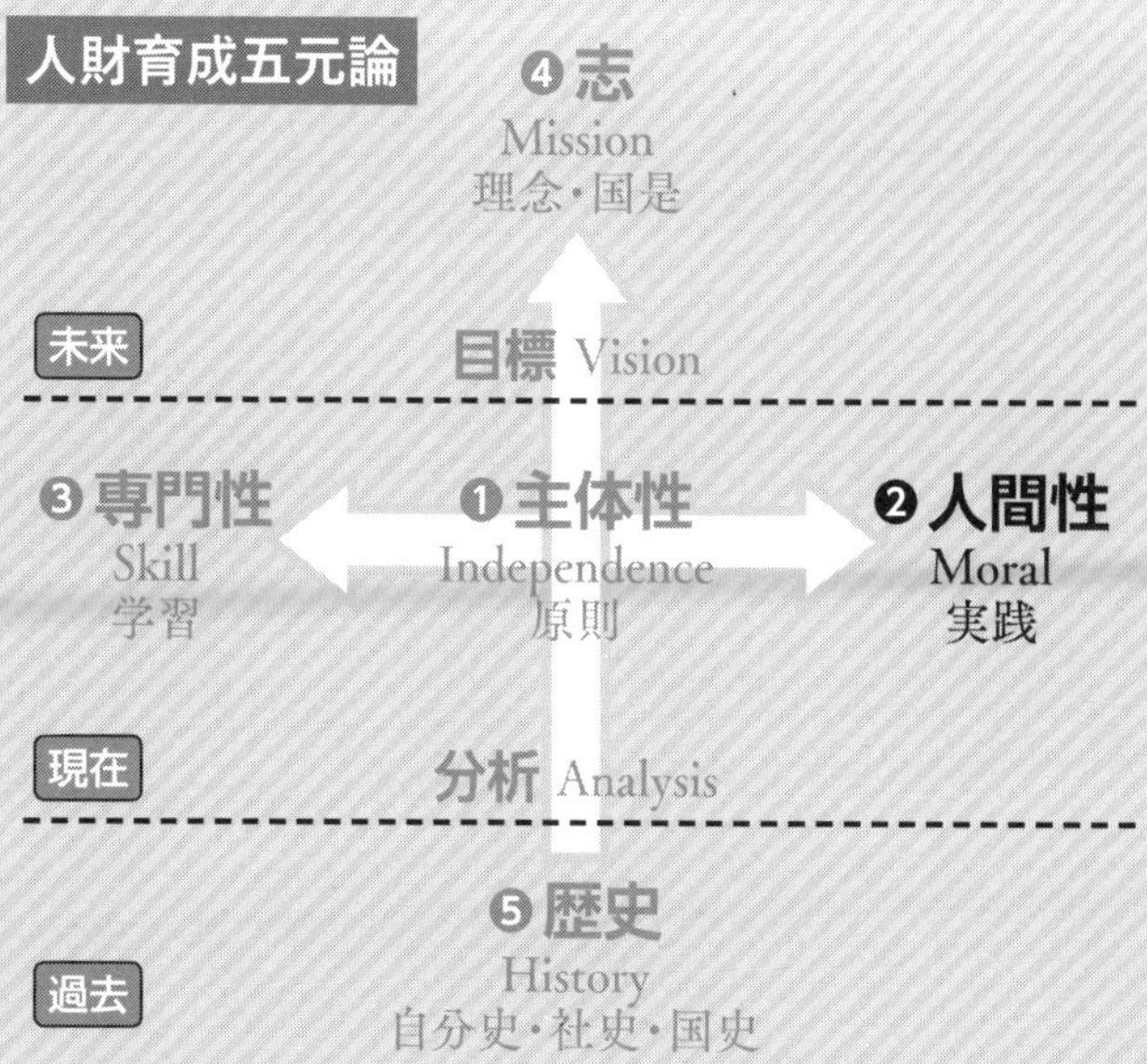
人財育成五元論
④志
Mission
理念・国是
未来
目標 Vision
③専門性
Skill
学習
①主体性
Independence
原則
②人間性
Moral
実践
現在
分析 Analysis
⑤歴史
History
自分史・社史・国史
過去

人間性とは、基本的な生活習慣、思いやり、公共心、マナー、規律性といったことです。人間性は、人として当たり前のことなので、学ぶよりも、実際に行動することで磨くことができます。例えば、挨拶、返事、感謝、笑顔、プラス言葉、傾聴、整理、整頓、清掃、時を守る、約束を守るなど。これが大事だというのは小学生でも知っていることですが、100%実践しているかというと、大人でも心もとないものです。知っているだけでなく、実行することによって初めて高まるもの、それが人間性です。人は、商品・サービスを専門性よりも人間性で選ぶことが多いため、人間性は「差別化の源泉」ともいわれます。

本章は、全て人として当たり前のことを記しています。これを人に伝えるには、何より自分が実践することが大切です。自分が実践していないのに人にやれと言っても伝わるわけがありません。自分が実践するためには、なぜ大切なのかという理由と、やるとどうなるのかという効果を知る必要があります。そこで本章では、人間性高き行動について、なぜ大切なのかという理由と、行動の効果についてお伝えします。

まずは自分が実践する。そして、部下や家族など周りの人にその大切さを伝えられるようになるため、ぜひ、お読みください。もちろん基本的な内容なので、「できているよ」という方は、この章は読み飛ばしていただいても構いません。

3つの間を整えると、いい人、いい会社が生まれます

2500年前から伝承されてきた、鉄板の三原則です

師範学校講師、大学教授を歴任し、日本教育の師父と称された森信三先生は、躾《しつけ》は3つだけでいいとおっしゃいました。その代わり、この3つを、ツがつくうち（9歳まで）にちゃんと実践できる子に育てなさい。そうすればその子は一生食いっぱぐれることはないとまでおっしゃいました。それは「躾の三原則」。

挨拶
返事
後始末

「この3つだけで本当にいいのですか？」と学生が問うと、「間違いない」と。なぜですかと問うと、先生は次のように答えました。

この3つは、人間関係の基本です。この世は、なんだかんだいって、人間関係でできています。なぜなら、人は一人では生きていけないから。数限りない人の助けを受けながら、私たちは生きています。

食事ひとつとってもそうです。あなた一人でその食事をつくれますか？ つくれないでしょう。お米を育てる人、運ぶ人、調理する人がいます。お米を育てるのにどれくらい手間がかかるか、ご存知ですか？ お米だけじゃありません。野菜も、魚も、お肉も、全てそうです。一日30品目食べる。調味料だってある。すると、一食に、何百、いや何千もの人の力が集まって、その食事になっています。服だってそう。家だってそうです。私たちは数限りない人の力をお借りしながら、生きているわけです。

だからこそ、人間関係を良好に保つことが、何より大切です。人間関係構築力が高ければ、この世は生きやすくなります。が、低ければ、この世は生きづらいものになります。生きやすく、楽しく、幸せに生きるためには、人間関係構築力が大切なのです。

人間関係を構築するための第一歩が、「挨拶」「返事」「後始末」です。笑顔で挨拶し、ハイという返事をし、使ったら元に戻す。これをきちんとやっている人は、人から好かれませんか。逆に、挨拶をしない、返事はしない、やったらやりっぱなしという人は、どうですか。嫌われていきませんか。

人から好かれる人は、得することが多い。人から嫌われる人は、損することが多いものです。人から好かれるための第一歩が、「挨拶」「返事」「後始末」です。

少し私流の意訳も入りましたが、森先生は概ねこうおっしゃったわけです。私はこの話を初めて聞いた時、目からウロコが落ちました。大感動しました。わが子育てはこれをベースにやろうと決意しました。

これを子供にしつけるということは、まず自分自身が実践するということです。自分がやってないことは子供には絶対に伝わらない。だからまず自分がやる。そう決意しました。挨拶、靴を揃える、トイレ掃除。自分が実践しています。私の背中を見せることが、子供の教育にとって何より大切だと信じています。

それでは、いい組織をつくるために、何をすればいいでしょうか?

たくさんすることがありそうですよね。たくさんありすぎて、どこから手を付けていいかわからない。ともすれば思考停止になりがちな質問です。

この質問に対し、3つでいいと答えたツワモノがいます。実は、これも森信三先生の言葉です。それは次の3つです。

時を守り
場を浄め
礼を正す

この3つを実践するだけで、どんな組織も必ずよくなると断言されました。これは**「職場の三原則」**とも**「学校再建の三原則」**ともいわれます。

荒れている学校に赴任し、荒れているクラスを担当する先生がいます。教師を志し、教職についた先生です。荒れていようが何だろうが、この子らをなんとか幸せにしたい、幸せな方向に導きたい。そう考えます。が、どこから手を付けていいかわかりません。

「勉強しよう！」と生徒に言っても、するわけがありません。先生が勉強しようと言うくらいでしてくれるのであれば、もうとっくにしています。「スポーツしよう！」と言っても、してくれません。挙句の果てに「うぜーよ先公」みたいなことを言われます。始末に終えません。どうすればいいのでしょうか。

「時を守り」「場を浄め」「礼を正す」です。これを子供たちにやれと言ったってやるわけがありません。先生から率先垂範しましょう。まず、先生から授業の開始時間と終了時間をきっちり守る。先生から進んで掃除を行う。先生から挨拶する。これを続けていくうちにやってくれる子供が現れ、その輪が徐々に広がっていく。すると授業を聴く姿勢が変わる。こうしていいクラス、いい学校になっていくといいます。「時を守り」「場を浄め」「礼を正す」を「見本」「信頼」「支援」するのが大事です。今、話題の元麹町中学校長・工藤勇一先生も、このような形で学校改革をされています。

この「職場の三原則」を、森信三先生は**「三間《さんま》の法則」**とも表現しました。三間とは、「時間」「空間」「人間」の3つの間です。世の中の構成要素は全て、この3つの間に集約できると。「生きとし生けるものは、時間、空間、人間の三間を離れてこの世に存在することはできない。この三間を大切にし、整えていくことこそ、現場を再建する三大原理」とおっしゃいました。

実はこのことは、古今東西、いい組織をつくるために大事だといわれていることです。中国では、孟子が2500年前に、**「天地人」**と言いました。天地人とは、

天の時
地の利
人の和

です。天の時を見極め、地の利を取り、人の和をもって一気呵成《かせい》に取り組めば、必ず勝てるということです。

そして孟子は、「**天の時は地の利に如かず。地の利は人の和に如かず**」という言葉も残していますす。これは、「天運があっても地の利がなければ勝てず、地の利があっても人の和がなければ勝てない」ということです。天地人、その全てが大事ですが、あえて優先順位をつけるのであれば、人の和から。「和を以て貴しと為す」（十七条憲法）。話し合う。「広く会議を興し万機公論に決すべし」（五箇条の御誓文）。この3つ、全てを一気によくしようとすると、リソース（人的資源）や想いが分散するので、なかなかよくなっていきません。「一点集中、全面展開」です。まず一つを真剣に行うことが大事です。その時はまず、人の和から。これは日本人が古来大事にしてきた暗黙のルールです。

三間の法則 <職場の三原則>

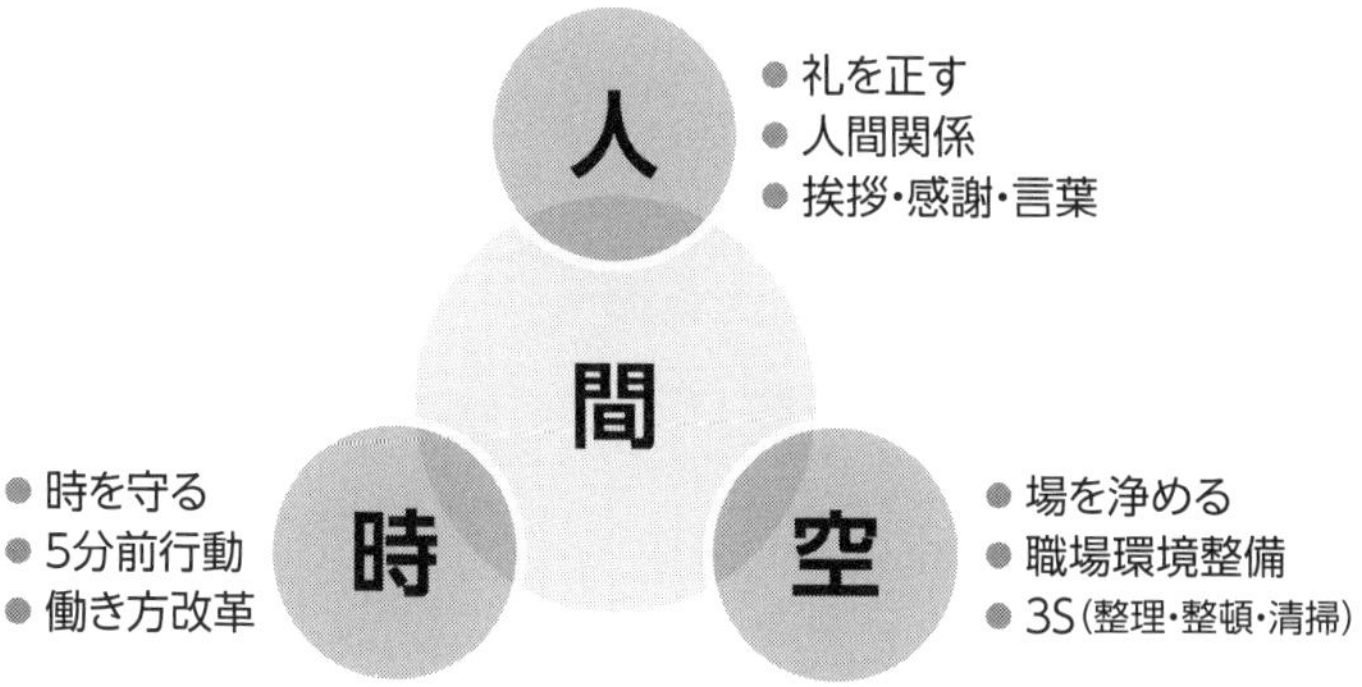

「生きとし生けるものは、時間、空間、人間の三間を離れて
この世に存在することはできない。
この三間を大切にし、整えていくことこそ、現場を再建する三大原理」
（森 信三師）

「躾の三原則」「職場の三原則」「天地人」「三間の法則」は、あらゆる組織で活用することができます。天地人を謳《うた》った孟子は、国家の運営や軍隊の運用において活用しました。もちろん、職場や家庭でも活用できます。

それでは、

①人間関係
②空間
③時間

の順に、具体的に何を実践するといいか、詳しくお伝えします。

①-1 人間関係円滑化【挨拶】

たかが挨拶、されど挨拶。丁寧に行いましょう

私たちはなぜ、挨拶をするのでしょうか?

挨拶とは、相手の存在を認める行為です。挨拶をしないというのは、相手の存在を認めていない、すなわちあなたのことには無関心ですよ、と伝えているようなものです。マザー・テレサは、愛の反対は無関心だと言いました。関心をもってもらえない、無視、孤独というのは、人にとってもっとも辛いことです。だから挨拶は愛です。大切です。なるほど、挨拶は相手の存在を認める行為。挨拶をするというのは、あなたがそこにいてもいいですよ、あなたは素敵ですよと伝えているようなものなんだ。だからお互いが挨拶をきちんとすると、元気になるんだ! そんなことに気づかされました。

そして、挨拶のやり方をいろいろ学びました。その方法論として「ながら挨拶は失礼」「笑顔のサンドイッチ法」「分離礼」「あいさつ4カ条」があります。ご紹介します。

「ながら挨拶」とは、○○しながら挨拶をするというものです。歩きながら挨拶、パソコ

ンをやりながら挨拶、書類に目を通しながら挨拶というのは、失礼です。なぜなら「ながら挨拶」は、挨拶する手間すら惜しい、あなたよりもこっちのほうが大事という、無意識の表現だからです。**「手を止め、足を止め、仕事を止め、相手と正対し、相手の顔を見て挨拶する」**のが基本です。

東京都足立区にある、きづきリハビリ訪問看護ステーションでは、会社に訪問すると全員が立って相手を見て挨拶してくれます。歓迎してくれている気持ちがものすごく伝わってきます。とても心地よいのです。こういう挨拶をしてくれる会社は、きっと仕事も丁寧なんだろうなと感じるため、その後の話がとても円滑に進みます。たかが挨拶、されど挨拶です。

「笑顔のサンドイッチ法」とは、笑顔で始まり笑顔で終わる挨拶です。挨拶は笑顔のほうがいい、これは多くの人が知っています。ですから、多くの人が笑顔で挨拶してくれますが、頭を下げ、また頭を上げたその瞬間が要注意です。急いでいる時（現代人はほぼ全員、常に急いでいます）は、頭を上げた瞬間に、すでに無表情になり、さっさと次のところに向かってしまうのです。笑顔で始まり、笑顔で挨拶し、頭を上げた瞬間にどこかに行ってしまう。取り残されたほうは「私ってあまり大事にされていない」、どうしてもそう感じてしまいます。だからこそ、頭を上げた時も、相手の顔を見てニコッと笑う。笑顔でトドメを刺す。笑顔でハートを撃ち抜く。これが大事です。

笑顔で始まり笑顔で終わる挨拶。これが笑顔のサンドイッチ法です。

「分離礼」とは、「語先後礼《ごせんごれい》」ともいい、「言葉が先、お辞儀は後」という挨拶です。「おはようございます」と言った後にお辞儀をするという挨拶です。一般的な挨拶は「同時礼」といい、言葉とお辞儀を同時に行います。「おはようございます」と言いながらお辞儀をするというのが同時礼です。

同時礼と分離礼と、どちらのほうが丁寧に感じますか？　礼儀正しく感じますか？

多くの方が「分離礼」と答えたのではないでしょうか。そうです。明らかに分離礼のほうが丁寧に感じます。同時礼と分離礼、どちらも正しい挨拶です。時間にするとその違いは1秒ほどしかありません。しかし、分離礼のほうがより丁寧に感じ、より礼儀正しく感じる、より大切に思ってくださっている感が伝わる。たった1秒でこんな効果があるのなら、やってみない手はありません。「神は細部に宿る」ものです。

「あいさつ4カ条」とは、「あ・い・さ・つ」を頭文字にして、このような挨拶をしましょうという実践項目です。子供も大人も覚えやすく、大事なことがコンパクトにまとまっているので、やってみようという気になります。

あ→**明**るい声と表情で元気よく挨拶しましょう。

い→**い**つでも、誰にでも、どこでも挨拶しましょう。

さ→先輩、後輩関係なく、気づいたほうから**先**に挨拶しましょう。

つ→挨拶に**続**けてひとことを加えましょう。

例：「おはようございます。今日はいい天気ですね」
「おはようございます。先日はどうもありがとうございました」

①-2 人間関係円滑化【返事】

どんな時も「はい!」と答えましょう

あなたは普段、会社で名前を呼ばれた時にどんな返事をしていますか。もちろん「はい!」と返事していますよね。まさか「なにー」とか、「は?」と言ったり、「無言」なんてことはないですよね?

ところが、こんなふうに返事をしている人、多いのではないでしょうか。返事の重要性を認識している人は、あまりいないように感じます。しかし、あなたが誰かの名前を呼んで何も返事がなかったら、どう感じますか。イラッとしませんか。人間性を高めるためには、自分がしてもらって嬉しいことを人にする、自分がされて嬉しくないことは人にしない、これが大事です。名前を呼ばれた時にどんな返事をするか。あなたの人間性が問われています。

返事の種類はいろいろありますが、美しい返事はただひとつ、「はい!」です。だから返事は「はい!」だけ覚えればいいのです。

返事の「はい」は、拝《おが》むという漢字が語源で、「拝」の心、拝み受け止めるのが本来の意味です。すなわち「はい」には、「そのようにします」「わかりました」「お任せくださ い」「承知しました」「その通りです」などの意味があります。

どんな時も「はい」と返事をすることで、「あなたの話を聞く気持ちがあります」と伝えています。「はい」と返事をすることで、相手はその先の話がしやすくなります。

とはいえ、時には返事がしにくいこともありますよね。例えば、

- 質問されたことの答えがわからなくて答えられない時
- 質問されたことの答えをわかっているが答えにくい時
- 意見を求められたが、相手の意見と違う時

などです。こんな時、どのような返事をすればいいでしょうか。おすすめは、

- 答えがわからなくても、まず返事をする
- 相手の意見と違うから答えにくいと思っても、まず返事をする

です。どういうことでしょうか。実は、**「返事とその先の答えは別物」**でいいのです。

一例としては、

「はい。今考えておりますので、もうしばらくお時間をください」
「はい。ご質問のお答えが私にはわかりかねますので、上司に確認いたします」
「はい。○○さんはそのようにお考えなのですね。私の考えをお伝えしてもよろしいでしょうか」

などです。

「返事とその先の答えは別物」と考えると、どんな時でも「はい」と返事ができるようになります。いちばんよくないのは、答えがわからないといって「無言」「ノーリアクション」になることです。愛の反対は無関心です。「無関心」「無視」「無言」「ノーリアクション」というのは、質問者にとって辛いこと。だから、まず「はい」と返事をしましょう。

①-3 人間関係円滑化【感謝】
感謝の心から幸せが生まれます。「ありがとう」を言葉にして伝えましょう

「感謝」という漢字を分解すると、「感じた言葉を射る」となります。ありがたいと感じたら、きちんと言葉で伝えましょうということです。

「ありがとう」という言葉は、人から言われていちばん嬉しい言葉です。だから「ありがとう」はたくさん使ったほうがいい。「ありがとう」を漢字で書くと、「有難う」です。なんで「難が有る」なんて書くんだろう。その理由、おわかりになりますか？

「ありがとう」とは、本来、**「有ることが難い（かたい）」**から使う言葉です。すなわち「滅多にない」「珍しくて貴重だ」から、感謝の意を表すために「有難う」と伝えるようになったといわれています。

「ありがとう」の反対言葉は、「当たり前」です。何があっても、何をしてもらっても「当たり前」と思って、感謝の心が生じなければ不平不満ばかり出て、幸せを実感することはできません。「この世でもっとも不幸な人は、感謝の心のない人である」といわれますが、まさにその通りです。

感謝できる人が幸せなのであり、その感謝を「ありがとう」という言葉で表すと、相手も「喜んでもらった」と嬉しくなります。幸せが幸せを呼びます。幸せが循環し、増幅する言葉、それが「ありがとう」です。

私たちが生きる原点に、3つのありがたいことがあります。ご紹介します。

①親に感謝する

人間、感謝の原点は、親への感謝です。自分という存在の原点である親に感謝できないと、他の人に心からの感謝はなかなかできません。

いろいろな親がいます。ニュースで騒がれるようなとんでもない親もいます。そんな親なんて認めたくないという子の話を聞くと、胸が張り裂けそうになります。しかし、親がいなければ私たちは生まれてくることはありませんでした。その一点については、親を認めるしかありません。親を認めるところから、感謝が生まれる場合もあります。

恨みや憎しみは連鎖します。虐待も貧困も連鎖します。子が親を恨めば、その子の子も親を恨む確率が高まります。自分が自分の子に恨まれる可能性が高いのです。どうすればいいか。連鎖は断ち切ることができます。それも今、断ち切ることができます。「今」を先延ばしにすると、いつになっても負の連鎖は断ち切れません。

未来を変えるために、あなたの未来と家族の未来を変えるために、今、この瞬間に変わってみませんか。親がいなければ生まれてくることはありませんでした。親を認めてみませんか。感謝してみませんか。気づいた時が変わり時です。

②ご先祖様に感謝する

私たちには、数限りないご先祖様がいらっしゃいます。

十代さかのぼると、何人のご先祖様がいらっしゃるか、わかりますか？　一代30年と考えると、おおよそ300年です。今から300年前というと、西暦1720年、江戸時代です。十代・江戸時代までさかのぼると、ご先祖様の数は、2の10乗の人数になり、1024人。そう、私たちの元をたどると、約1000人ものご先祖様がいらっしゃるのです。

それでは、二十代さかのぼってみましょう。二十代さかのぼるとおおよそ600年。西暦1420年、室町時代です。二十代・室町時代までさかのぼると、ご先祖様の数は、2の20乗になるので、なんと1048576人。約100万人ものご先祖様がいらっしゃいます。

それでは、三十代さかのぼります。三十代ではおおよそ900年。西暦1120年、平安時代です。三十代・平安時代までさかのぼると、ご先祖様の数は、2の30乗になるので、なんと10億7374万1824人、約10億人です。三十代さかのぼるだけで約10億人ものご先祖様がいらっしゃるのです。


子育ては大変です。一人の子供を育てるというのは、現代でも一大事業です。それを、ご先祖様は電気のない時代からやっていたのです。炊事、洗濯、掃除、今ではそれなりに自動でできますが、60年前までは完全に手動です。ご先祖様は手動で炊事、洗濯、掃除をやっていました。冬の水は冷たい。あかぎれもする。血が出る。それでもやっていました。台風もあった。地震もあった。火事もあった。戦争もあった。疫病もあった。飢饉もあった。満足に食べられなかった。それでもご先祖様たちは、歯を食いしばって生きてきたのです。なぜでしょうか？

私たちのためです。私たち子供のためです。私たち子供が育つのが楽しくて仕方がなかったから、私たち子供に期待をしてくれたから、未来に希望をもってくれたから、懸命に生き、子育てをしてくれたのです。ご先祖様が一人でも途中で生きることを放棄していたら、子育てを放棄していたら、私たちは生まれてくることはありませんでした。

私たちは、数限りないご先祖様たちの、期待の結晶です。希望の星です。だから可能性がないなんてありえない。可能性のかたまりです。何でもできる。絶対にそう思います。

③大自然の恵みに感謝する

人は一人では決して生きられません。多くの人のおかげで生きています。食事ひとつとってもそうです。どれだけの人の手と、どれだけの年月がかかっているでしょうか。お米を育てる人、運ぶ人、調理する人がいます。お米を育ててみるとわかるのですが、めちゃくちゃ大変です。手間がかかります。お米だけじゃありません。野菜も、魚も、お肉も、全てそうです。

お肉に至っては、牛や豚が生まれるところから始まって、愛情をかけて育てた後、最後は殺すわけです。殺さないとお肉になりません。パックに入ったお肉が機械から生まれてくるのではないのです。お肉は、数日前まで、私たちと同じ生きている命でした。これをぞんざいに扱っていいわけがありません。この事実を深く考えると、残食はしたくなくなります。動物や植物の命をいただくことで、私たちは生き永らえています。フードロスはゼロにしたい、いや、ゼロにすべきだと思います。でないと命の冒涜《ぼうとく》です。

一日3食食べることで、私たちはどれだけの命をいただいているのでしょうか。いただくものの命をつくるために、どれだけの人の時間と手間がかかっているのでしょうか。だから人は一人では生きられない。数限りない命と、数限りない人のおかげで生きているわけです。ありがたいことです。

だからこそ、「いただきます」と「ごちそうさま」は、しっかり言いたいですね。できれば手を合わせ頭を下げて言いたいものです。「いただきます」とは、命をいただくことへの感謝の言葉。「ごちそうさま（御馳走様）」とは、馳せ走ってつくってくださった方への感謝の言葉です。

①-4 人間関係円滑化【笑顔】

笑顔は、職場も人生も幸せにする魔法です

あなたは、よく笑う人（笑う時間が多いほう）ですか？ それともあまり笑わない人（笑う時間が少ないほう）ですか？ 直感で構いません。あなたはどちらですか？

興味深い研究結果があります。東京大学大学院の近藤尚己准教授らが全国の65歳以上の男女約2万人を対象にした調査によると、普段ほとんど笑わない高齢者は、毎日よく笑う高齢者より、男性で1・54倍、女性で1・78倍「健康状態がよくない」と感じており、脳卒中を有する割合が1・6倍、心筋梗塞などの心臓病は1・21倍高かったということです。さらには、よく笑う人のほうが糖尿病になりにくい、うつ病になりにくい、認知症になりにくいという調査結果もあります。よく笑う人のほうが平均7歳ほど長寿であるという調査結果まであります。どうも笑いには、ナチュラルキラー（NK）細胞の活性化、免疫機能改善、呼吸機能改善、動脈硬化軽減、抗鬱作用、認知機能の維持などの効果があるようです。

2019年に、渋野日向子選手がゴルフの全英女子オープンで優勝しましたね。彼女は

笑顔で自分をリラックスさせ、ギャラリーを味方にし、運を引き寄せ、優勝をも引き寄せました。劇的な勝利に感動した人も多かったのではないでしょうか。

笑顔は、職場でも、家庭でも、いつでも、誰でもできる、超簡単な完全無料の実践法です。

「幸せだから笑うのではない。笑うから幸せなのだ」

という名言は、フランスの哲学者アランの言葉です。

この効果は、やってみなければわかりません。まず今日一日、笑顔で生きてみませんか。

①-5 人間関係円滑化【傾聴】

相手の話を熱心に聴くだけで、いいことがたくさん起こります

あなたは、相手の話を、いつもどれくらい真剣に聴いていますか?

私たちは、人の話を聴いているようで、あまり聴いてないということがよくあります。人の話を聴きながら、自分は次に何を話そうなんて考えていませんか。なぜそうなるのでしょうか。それは、沈黙が怖いのでしょう。間があくのが怖いのでしょう。

傾聴とは、相手の話に耳を傾けて熱心に聴くことです。

傾聴の「聴」の字は、訓読みすると「きく」ですが、「聞」ではなく「聴」を使います。

「聞く」と「聴く」では、訓読みすると同じ「きく」ですが、意味合いは違います。

「聞」は「門構え」に「耳」と書き、音や声などが自然に耳に入ってくる様子をいいます。例えば「物音を聞く」「話し声が聞こえる」などです。無意識で聞こえてくる様子です。受動的です。英語だと「hear」です。

「聴」は「耳」と「十」と「目」と「心」と書きます。「耳」だけでなく「目」と「心」も使って全身全霊で聴く様子です。例えば「講義を聴く」「演奏を聴く」などです。積極

的に意識して聴きます。英語だと「listen」です。

傾聴とは、この「聴く」の意識をもって全身全霊で相手の話に耳を傾ける様子です。

傾聴をすると、自然とリアクションが生まれます。そのリアクションの代表例が、次の3つです（傾聴スキルの基礎編）。

①うなずき（頷き）
うなずきとは、ウンウンと頭をタテに振る様子です。うなずいてくれると相手はとても話しやすくなります。人前で話すとき、うなずいてくれる人が一人もいないと、本当に話しづらい。自分が何を話しているのかわからなくなることすらあります。

②あいづち（相槌）
あいづちとは、合いの手を入れることです。「はい」「ふーん」「へー」「ほー」、どんな言葉でもいいのですが、相手のテンションが上がるあいづちと、下がるあいづちがあります。

・3S（テンションが上がるあいづち）
「すごい」「さすが」「すばらしい」といった、Sで始まるあいづちです。これはテンションが上がってきます。なぜなら、肯定だから。「あなたの話は面白い」「あなたイケてる」と言われているわけです。これなら、テンションは上がりますよね。

・3D（テンションが下がるあいづち）

「でも」「だって」「どうせ」といった、Dで始まるあいづちです。これはテンションが下がります。なぜなら、このあいづちには否定が含まれているからです。「でも難しい」「だって意味ない」「どうせムリ」。明らかに否定しています。あなたの話は否定されているわけです。場合によってはあなた自身までもが否定されている感じがします。これでは、テンションが下がります。

あいづちは、無意識でやっている人が多いですが、相手のテンションが上がるあいづちと下がるあいづちがあることを覚えておきましょう。そのポイントは、肯定か否定かです。誰もがそうですが、肯定・共感されればテンションは上がりますが、否定されればテンションが下がります。意識して使ってみると抜群の効果を発揮します。

③笑顔

楽しいから笑顔になるのは当たり前、笑顔になるから楽しくなるのです。笑顔でいると、相手は抜群に話しやすくなります。

以上、傾聴スキルの基礎編でした。人の話を聴く時は、「うなずき」「あいづち」「笑顔」を意識して実践し、ゆくゆくは無意識でもできるようになりましょう。

続いて、傾聴スキルの応用編をご紹介します。応用編は、「聴く8割・話す2割」「未来質問」の2種類です。

①聴く8割・話す2割

人は、見たいものしか見ない、聞きたいことしか聞かないという習性があります。こちらが懸命に話しても、相手にはほとんど何も残らないということがよくあります。相手にとって耳の痛い話であれば、なおさらです。相手に話を伝えたい、伝わってほしい、変わってほしいと思えば思うほど、いろいろ話してしまいますが、かえって逆効果です。どうすればいいのでしょうか。

そこで、「聴く8割・話す2割」です。まず聴く、傾聴する、共感する。人は、自分のことをわかってもらえたからこそ、人の話を受け容れることができるのです。コップが上向きになります。コップが逆向きな時にいくら話をしても意味はありません。むしろ逆効果です。であれば、まず「聴く8割」で、相手の話を聴き通す。これが大事です。

私たちは無意識に行動していると、「話す8割・聞く2割」になりがちです。私たちは話し好きです。特に女性にこの傾向が強いといえます。ですから、聴き上手になるだけで相手に満足してもらうことができ、相手に好かれるようになります。

②未来質問

過去を問う質問ではなく、未来を問う質問をしようということです。

過去を問う質問の代表例は、「なんで?」です。「なんで?」とは、「なんでそうなってしまったのか」「なんでうまくいかなかったのか」と尋ねています。こう問われると、自分を責められたくないから、どうしても「言い訳」や「人のせい」にしてしまいます。言い訳や人のせいにして、物事がうまくいくはずがありません。「なんで?」は、変えられない過去について問う質問です。あまり意味のない質問です。

ちなみに、「なんで?」も、トヨタの「なぜなぜ分析」のように、真の原因を追及し、その対策を考える時には、絶大な効果を発揮します。しかし、これはそもそも組織の心理的安全性が高く、目標が一致しているからなせる業《わざ》です。まず傾聴、共感性を高めてからでないと、「なぜなぜ」はなかなかうまくいきません。

未来を問う質問の代表例は、「どうしたい？」です。「どうしたい？」とは、「これからどうなりたいか」「今、何ができるか」を尋ねています。こう問われると、「こうなりたい」「こうしたい」と返しやすいのです。未来は変えられます。今、この瞬間にやることを変えることで確実に未来は変わります。この質問は、望む未来や、今からやる行動について問う質問です。良質な質問です。

いかがでしょうか。あなたは「なんで？」と「どうしたい？」のどちらを多用していますか？

「なんで？」は言い訳が出る質問、「どうしたい？」は対策が出る質問です。言い訳されたら、こちらの質問に問題ありととらえましょう。まず傾聴、共感しましょう。そして変えられる未来を問う質問をしましょう。これであなたの大事な人の未来が変わるのなら、安上がりだと思いませんか。あなたのストレスも激減します。

人は、自分自身が決めるから、やる気になるのです。本気になるのです。逆に、人から決められたことは、どうしてもやらされ感が生じます。やる気が高まりません。答えがわかっていたとしても、あえて傾聴します。共感します。質問します。そして相手が決めるのを待ちます。相手が自分で決めれば、こちらが決めたことより100倍やり抜くものです。

「士は己を知る者の為に死す」

これは、司馬遷『史記』にある名言です。話を聴き通すことで死ぬほどやる気になるというのは、古今東西多くの事例があります。吉田松陰、上杉鷹山《ようざん》、聖徳太子など、歴史に名を残した教育者、政治家はみな、聴き上手でした。傾聴の名手でした。私たちも、「傾聴」を実践してみませんか。

②-1 空間美化【はきものをそろえる】

まずは足元から整えましょう

次は、空間の話です。あなたが管理する空間（自分の部屋や自分の机）は、美しく保たれていますか？　いやあ、美しいなんて、とてもとても……。こういう方、多いのではないでしょうか。そんなあなたに、空間美化のとっておきの方法をお伝えします。

まず、こちらの詩をご覧ください。

「『はきものをそろえる』
はきものをそろえると心もそろう
心がそろうとはきものもそろう
ぬぐときにそろえておくと
はくときに心がみだれない
だれかがみだしておいたら
だまってそろえておいてあげよう

そうすればきっと
世界中の人も心もそろうでしょう」
藤本幸邦《こうほう》
長野県円福寺住職。児童養護施設円福寺愛育園を設立。通称おっしゃん。

この詩は、仏教の**「脚下照顧《きゃっかしょうこ》」**という教えからきています。「脚下照顧」とは、自分の足元をよく見なさい、という意味です。転じて、身近なことに十分気をつけなさい。自分のことをよく反省しなさい。他人にとやかく言う前に、まず自分自身を見つめ直しなさいという戒めの言葉です。はきものをそろえない、靴を脱いだら脱ぎっぱなしというのは、どういうことでしょうか。「ぱなし」というのは、次に使う人のことや、それを見た人のことを考えていない、自分勝手な行動です。

人は所詮、自分勝手な生き物です。マズローの欲求5段階説の第一段階は、自己生存欲求（生理的欲求）です。これは、人間は自分を生かすという欲が一番強いということを意味しています。人は生きるために生きているともとらえられます。自分のことしかわからない、自分勝手な生き物。それが人間です。

とはいえ、自分勝手が全てかというと、決してそうではありません。人は一人では生きられません。私たちは、多くの命、多くの人のおかげで生きています。生かされています。多くの命や人から恩を受けているのであれば、その恩を返したくなる、その恩を人に送りたくなるのもまた、人間らしさではないでしょうか。

そのためにまず、けじめをつける。しまりをつけるのが大事です。使ったら元に戻す。元あった時よりも美しくする。これが生かされている恩を感じ、恩を返そうとする人間らしい、けじめのある行動です。

空間美化をするのなら、まず足元を見つめる。はきものをそろえる。ここから始めてみませんか？

②-2 空間美化【トイレ掃除】

人は、いつも見ているものに心も似てきます

続いて紹介したいのが、トイレ掃除のお話です。トイレには神様がいるといわれます。トイレが汚い会社で業績がいい会社（一過性で業績がいいのではなく、好業績を継続している会社）というのは、見たことも聞いたこともありません。

たった一人で始めた会社が、トイレ掃除で一部上場企業になったという話があります。その会社はイエローハット。創業者は鍵山秀三郎さんです。鍵山さんがトイレ掃除を始めて数年間は、社員は見向きもしなかったそうですが、10年経つころにはぽつりぽつりと一緒に掃除する社員が出てきて、20年で確信に変わったと。30年で社員も会社も激変した、とおっしゃいます。

このトイレ掃除活動は内外に広がりをみせ、NPO法人「日本を美しくする会」が発足されました。日本を美しくする会では、学校や公共施設のトイレを徹底的に磨き上げることで、人の心も磨くという活動を行っています。トイレ掃除の意義をご紹介します。

1．謙虚な人になれる

どんなに才能があっても、人は人を幸せにすることはできない。
人間の第一条件は、まず謙虚であること。
謙虚になるための確実で一番の近道が、トイレ掃除です。

2．気づく人になれる

世の中で成果をあげる人とそうでない人の差は、無駄があるか、ないか。
無駄をなくすためには、気づく人になることが大切。
気づく人になることによって、無駄がなくなる。
その「気づき」をもっとも引き出してくれるのがトイレ掃除。

3．感動の心を育む

感動こそ人生。できれば人を感動させるような生き方をしたい。
そのためには自分自身が感動しやすい人間になることが第一。
人が人に感動するのは、その人と手と足と体を使い、
さらに身を低くして一所懸命取り組んでいる姿に感動する。
特に、人のいやがるトイレ掃除は最高の実践道場。

4. 感謝の心が芽生える

人は幸せだから感謝するのではない。
感謝するから幸せになれる。
その点、トイレ掃除をしていると
小さなことにも感謝できる感受性豊かな人間になれる。

5. 心を磨く

心を取り出して磨くわけにいかないので目の前に見えるところを磨く。
特に、人の嫌がるトイレをきれいにすると、心も美しくなる。
人は、いつも見ているものに心も似てくる。

いかがでしょうか。人は、いつも見ているものに心も似てきます。私もこの話に感化され、今ではトイレ掃除を毎日実践しています。少しは心が磨かれてきたような……。あなたもトイレ掃除、実践してみませんか？　最初はやらされ感が生じますが、3週間を超えたあたりから、そのよさに気づきます。やらないと気持ち悪くなります（経験者談）。

②-3 空間美化【割れ窓理論】

理論的にも実証されています

続いてご紹介したいのが、「割れ窓理論」（ブロークン・ウィンドウ理論）です。

割れ窓理論とは、建物の窓が壊れているのを放置すると、誰も注意を払っていないという象徴になり、やがて他の窓も全て壊されていく、という理論です。これを逆にとらえると、窓が壊れたら直せばいい。放置するのがよくない。汚れたらまずキレイにせよということです。この理論を、市政と、会社経営に活かした事例を2つご紹介します。

① ニューヨークの治安回復

割れ窓理論を市政に活用したのが、ニューヨークのジュリアーニ元市長です。彼が市長に就任した当時のニューヨークは、世界有数の犯罪多発都市でした。乱れきった治安を回復するために、割れ窓理論を活用し、落書きなどの軽犯罪を徹底的に取り締まりました。これにより、徐々に犯罪発生件数が低下。就任5年後には、殺人が67・5％、強盗が54・2％、婦女暴行が27・4％減少し、治安が回復しました。そして街が美しくなりました。中心街は活気を取り戻し、住民も観光客も戻ってきました。

② 東京ディズニーリゾートの継続多重清掃システム

東京ディズニーリゾートでは、開園中も閉園後も毎日毎晩徹底的に掃除（または修繕）を行っています。毎日、グランドオープニングの日のようにキレイにする、赤ちゃんがハイハイしても大丈夫なほど安全なパークをつくるを目標に、毎日毎晩掃除・修繕を実施。こうしてパーク全体を磨くとともにキャストの心を磨き上げ、その結果、ゲストのマナー向上、満足度向上、リピート率向上という効果が生まれています。

このように、空間美化により人の心が磨かれ、犯罪が減り、組織がよりよくなる、クチコミ・リピートが生まれる、業績が向上するという事例でした。あなたの会社でも、取り組んでみませんか。

②-4 空間美化【5S】

整理、整頓、清掃、清潔、躾の順に実践しませんか

空間美化をしよう、職場環境整備をしようと思っても、どこから手を付ければいいんだろうと、多くの人が途方に暮れます。オフィスの山積みの書類はどうすればいいのか。片付けるのに何日かかるんだろうとおびえます。前述の、はきものをそろえる、トイレ掃除は大事です。しかし、その他の場所はどこからどうキレイにすればいいのでしょうか。

職場環境整備のスローガンとして、「5S」があります。5Sとは、次の5つの頭文字をとったものです。

「5S」

① 整理 要るモノ（生）、急がないモノ（休）、当分要らないモノ（長休）、要らないモノ（死）に区分し、急がないモノ（休）を保管し、要らないモノ（死）を捨てること

② 整頓 今、要るモノを、いつでも、誰でも、すぐ（6秒以内）に取り出せるよう、定位置・定品・定量を決め、表示・標識をすること

③ **清掃** ゴミ・チリ・ホコリ・汚れなしのピカピカにすること
④ **清潔** 3S（整理・整頓・清掃）が維持され、仕組み化できている状態
⑤ **躾** 3Sが定着し、決めたことは必ず守る風土になっている状態

（言葉の定義）

①生：要るモノ：1週間以内
休：急がないモノ：1週間〜1カ月以内
長休：当分要らないモノ：1カ月〜1年以内
死：要らないモノ：1年以上使ってない⇓処分

②定位置：決められた位置（押しても引いても動かない）
定品：決められたモノが、いつも同じ向きに
定量：必要最少量（決めた最多数〜決めた最少数）、ない状態がわかる
表示：モノの名前をモノに表示
標識：モノの場所・区域に標識

③ゴミ：手でつかめるモノ

チリ：指でつまめるモノ
ホコリ：フッと吹いて飛ぶモノ
汚れ：ふけばとれるもの

ここでまず大事なのは、整理・整頓・清掃の3Sです。まず3Sを徹底的に行うことで、5Sにつながります。

3Sを行うために大事なのは、**「整理→整頓→清掃の順に行う」**ことです。「大掃除」という言葉があるように、私たちはとかく掃除から手を付けがちです。しかし、掃除は、対症療法です。なぜモノが散らかっているのか、なぜ乱雑なのか。その根本原因はただ一つ。モノが多すぎるからです。多すぎるから、どうしても散らかってしまうのです。

であれば単純です。モノを捨てるところから始めるしかありません。いくらキレイに掃除をしたって、モノが多すぎれば、すぐにリバウンドします。12月末に大掃除をした。その効果はいつまで続きましたか。1月末にはもう元通り、なんていうことありませんか。

なぜそうなるのか。掃除という対症療法しかしてないからです。整理（捨てる）という原因療法を行っていないからです。空間美化は、整理（捨てる）→整頓（置き場所を決める）↓清掃（ピカピカにする）の順番に行ってこそ、効果があります。

片付け本は世に数あれど、言っていることは全て同じです。整理（捨てる）↓整頓（置き場所を決める）↓清掃（ピカピカにする）の順に行いなさい、ということです。

「私はモノを捨てられない人。だってもったいないんだもの」と言っている人は、一生涯、掃き溜めの中で暮らす羽目に陥ります。もったいないという心を捨てる。無駄なモノが置かれている空間（スペース）こそもったいない、そう思えるようにならない限り、一生涯、掃き溜め暮らしになってしまいます。

気づいた時こそ変わり時です。今、この時に、「捨てる」をやってみませんか。モノが多いからイライラするんです。捨てるとスッキリ気持ちよくなりますよ。オフィスでも、家庭でも、誰もが実践できる手法です。

③-1 時間管理【時はいのち】

今日という一日を大切に生きることが、一生を大切に生きることにつながります

「時とは、何ですか？」と問われたら、何と答えますか。

「時は金なり」といいますので、「お金！」と答えた方、いらっしゃいますよね。確かに、お金に匹敵するほど大事なものという意味で正解です。ご名答です。しかし、もう一つ明快な答えがあります。それは、命です。**「時はいのち」**ということです。

自分が生まれた瞬間に、今世での命の時間が始まります。そして、死ぬ時に、今世での命の時間を失います。まさに、自分が生きている時間は、自分の命と共にあるわけです。ですから「時はいのち」です。時間の無駄遣いは命の無駄遣いだといえます。

「一日一生」という言葉があります。一日の過ごし方は一生の過ごし方に似ています。一日一日の積み重ねが一生になります。だからこそ、今日この一日を大切に生きることが、一生を大切に生きることにつながるという、意味のある言葉です。あなたは、今日一日を、大切に生きていますか？

朝の起き方に生き様が出ます。あなたは朝、どのように起きていますか？

「早起き」と**「朝起き」**は違うといいます。「早起き」は朝早い時間に起きること、「朝起き」は朝目覚めた瞬間に起きることです。目覚めるというのは、天からの命によって、そしていろいろな気づきによって、目が覚めるわけです。朝起きの実践とは、気づきを大切にしよう、気づいた瞬間すぐやるを朝一から実践しよう、ということです。

朝を制する者は人生を制すといわれます。二度とないわが人生です。制してみたくありませんか。

目覚ましに頼る人生、人に言われてから動く人生。それがあなたの生き方ですか。それとも自分で自分の意志を尊重し、自分が決めたことは自分らしく行う人生をご希望ですか。

あなたは明日から、どのような起き方をしますか？

時を守るというのは、命を守るということです。約束を守るということです。自分との約束を守るとは、己に克つことです。自己を律することです。自律につながります。人との約束を守る人は、人から信頼されます。時や約束を守らない人は、人からの信頼を失います。己に克ち、人からの信頼が積み重なれば、自らを信じる力＝自信となります。時間を大切にしましょう。時を守りましょう。

③-2 時間管理【時間管理のマトリックス】

重要だが緊急ではないことが、実はいちばん大事です

ドイツの詩人ゲーテは、「重要事項を優先する」「大事を小事の犠牲にしてはならない」と言いました。あなたは、重要事項を優先できていますか。

世界的ベストセラー『7つの習慣』で紹介されている「時間管理のマトリックス」は有名です。日々の仕事について、重要か重要でないか、緊急か緊急でないかで区別すると、マトリックス（四象限）がつくれます。

あなたはどの領域の仕事に時間を多くかけていますか？　多い順に順番をつけてみましょう。そしてあなたは、どの領域の仕事がいちばん大事だと思いますか？

答えは、第2領域です。なぜでしょうか。

第1領域は、期限があるからとにかくやるしかない仕事です。やらなければ怒られる。信用問題になる。やるしかない。対処しないといけない。だから対症療法ともいえる領域です。

それに対し、第2領域は、まだ発生していないことに対して戦略・戦術・計画・対策を

時間管理のマトリックス（7つの習慣）

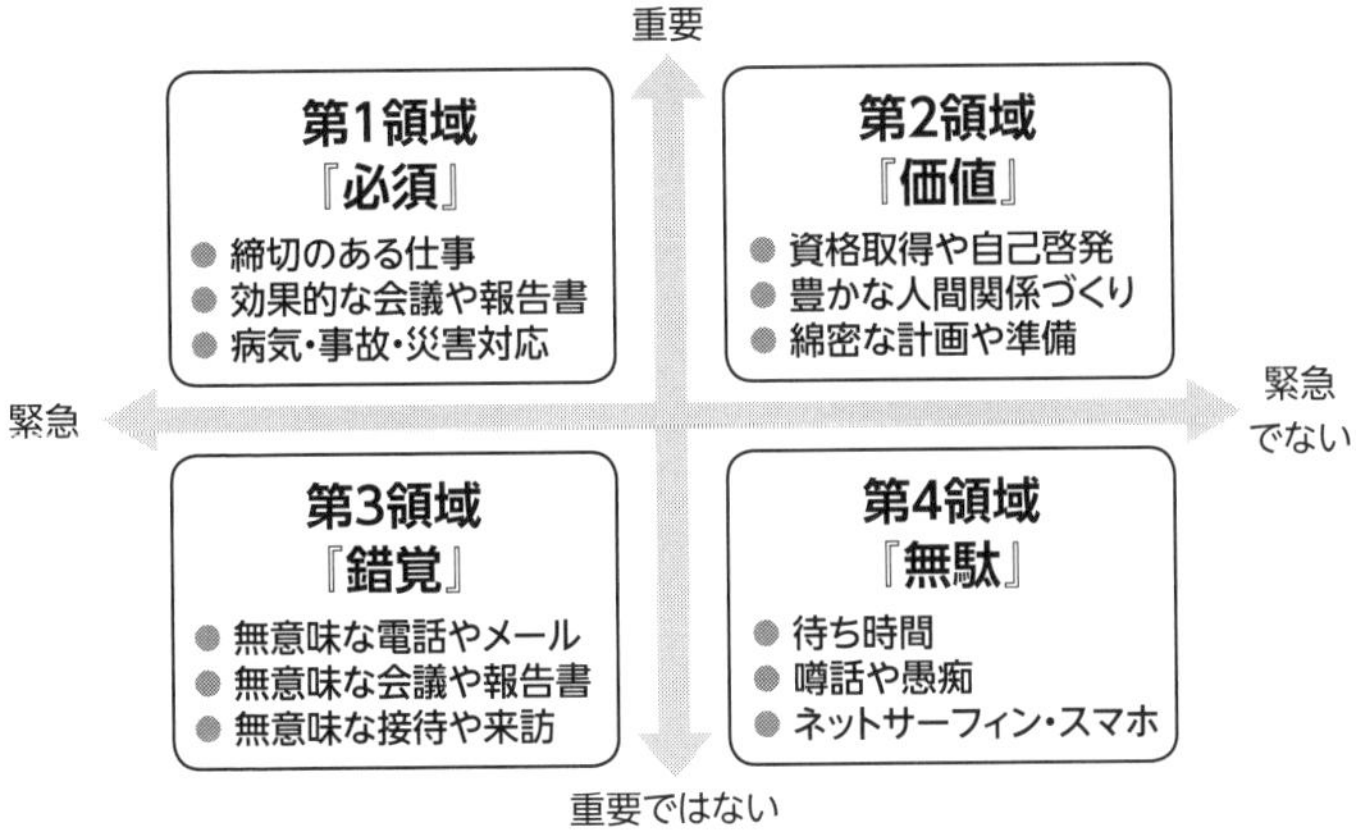

練る領域ですから、期限はありません。だからやらなくてもいい。でもやらないと、種まきをしていない、そして原因追及をしてないのだから、いつか息切れします。途絶えます。永続できません。人財育成もそうです。やらなくてもすぐに問題になるわけではありませんが、やらなければ人が育たないから会社が育たない。会社がよくならない。これではいつか存続の危機に瀕します。

ですから、いかに第4、第3領域をなくし、第2領域を増やすかが勝負です。第3領域は仕事をした気分になります。でもそれは、本当に必要な仕事なのでしょうか。あなたの命の時間をかけてやるべき仕事なのでしょうか。よく吟味してください。

第2領域の仕事を増やすと、将来を見据え余裕をもって仕事ができるようになるため、徐々にクレームや時間に追われる仕事といった、第1領域の仕事が減っていきます。第1領域と第2領域のバランスが良化します。仕事に追われずに自分らしい人生を歩めるようになっていきます。

本章では、私たちの人間性を高めるための「原則」をお伝えしました。これら原則を、標語としてまとめます。あなたの会社経営や、人生経営に活かしていただければ幸いです。

「躾の三原則」（森信三）

① **挨拶**　笑顔で明るい挨拶を、自分から先にしよう

② **返事**　返事は「はい」とはっきり言おう

③ **後始末**　はきものをそろえよう　椅子を入れよう

「職場の三原則」（森信三）

① **時を守る**　事前準備を徹底し、5分前行動を実践しよう

② **場を浄める**　整理・整頓・清掃を実践しよう

③ 礼を正す　「ありがとう」を言葉にして伝えよう

「そ・わ・か」の法則（小林正観）
そ「掃除」　掃除でお金が流れ込む。掃除で仕事ができるようになる。
わ「笑い」　笑いは人生を肯定する。笑いで健康長寿になる。
か「感謝」　ありがとうで悩みが消える。ありがとうで人から愛される。

「セブンアクト」（倫理研究所）
① あいさつが示す人がら、躊躇せず先手で明るくハッキリと
② 返事は好意のバロメーター、打てば響く「ハイ」の一言
③ 気づいたことは即行即止、間髪いれずに実行を
④ 先手は勝つ手5分前、心を整え完全燃焼
⑤ 背筋を伸ばしてあごをひく、姿勢は気力の第一歩
⑥ 友情はルールを守る心から、連帯感を育てよう
⑦ 物の整理は心の整理、感謝をこめて後始末

事例

人間力向上が、定着率向上と、応募増加につながりました

障がい者支援施設　明星学園／第二明星学園（長野県）

研修で、御社のスタッフの人間力を高めませんかと提案しても、「人間力は、研修で本当に高まるんですか？」「人間力研修で、うちの職場の問題が解決するんですか？」と言われることがあります。それはそうです。人間力を高めるとは、まさに時間管理のマトリックスの第2領域。緊急性のない仕事です。が、人間力を高めることは、組織の永続性や収益性、生産性に関わる大事なことです。人間関係がよくなり働きやすくなれば、離職率、応募者数も変わります。

長野県に「明星の奇跡」と呼ばれるほど高い専門性を発揮する知的障がい者支援施設があります。利用者（障がい者）が奇跡の変化（良化）を遂げることで国内屈指の成果を残していますが、スタッフにとってはいいことばかりではないようです。なぜなら、高い専門性を発揮するのに、膨大な準備・検討時間が必要なため、長時間勤務が要求されるからです。

この施設で1年間、人間力研修を行いました。あるリーダーの感想を紹介します。

〈第1講〉

今回入江さんから、「長く勤められる職場づくり」として10回の研修をしようとの提案があった。それについて「人材育成委員会」で検討した。

現在、当園は深刻な人材不足の状況にある。背景には、昨今の「待機児童ゼロ」に向けた取り組みの中で保育士争奪戦があり、以前は短大の幼児教育科からの学生を定期的に受け入れていたのに、それが叶わなかったり、景気がよくなり、他業種からの転職組もなかったりという現実もあるが、ご指摘の通り、離職率の高さがそれに拍車をかけている。

この仕事の困難さはご想像されている通りだが、当園のミッションは他の施設では受け入れることができないような「強度行動障がい」の人たちの「最後の砦《とりで》」といわれるような実践がいくつも行われていて、それは私たちの誇りでもあり、背負っている十字架のようなものでもある（何の因果でこんな大変な仕事をしているのだろう？　と）。

「明星の奇跡」を実践している人は、特別なスペシャリストの集団ではなく、学生時代は落ちこぼれのヤンキーだったり、普通のおじさんだったりするのです。その寄せ集めの集団に「とにかく同じ方向を見て支援をしよう！」と支援の質を担保しているのが、「研修」ということになる。これには職員からいつも苦情を言われる。

「なぜ休みの日まで研修に出なくてはいけないのか？」「毎月宿題ばかり！」と。

こう説明している。

「コンビニで働く時だってマニュアルがあるよね。当園は重度の障がいがある人を支援する施設なんです。そのために高いお給料も払っています。支援するマニュアル＝研修なんです。研修を受けることがこの職場で働くための基本条件です」

当園をリタイアする人の多くは、この研修の負担も感じているのだろう。もしかしたら今回の「人間力研修」も、これから最終的なプレゼンなど視野に入れれば、相当な負担になっていくのかもしれない。みな研修疲れしている現実がある。当園は個別支援計画などもとてもきめ細かくやっているので、作成しなくてはならない書類が大量にあり、加えて昨今始まった相談支援で、主要スタッフはほとんどが「相談支援専門員」を兼任しており、毎月相当な資料の作成を余儀なくされている。

当園の離職率を上げている原因を、さらに一つ挙げるなら、エネルギーの高さがもたらす組織としての強迫性。

これは、学園全体としては温度差があるのですが、能力の高いスタッフのいる組織の逆の弱みで、仕事の面白さにハマってしまって、強迫的にがんばりすぎてバーンアウトしてしまうという残念な現象もあります。

様々な意見がある中で、「現状を変えてよい職場をつくりたい！」という気持ちは誰にも共通してあることから、「まずは研修に参加した人が自ら変わることで、少しずつ周囲を変えていこう！」と研修を受ける方向へ運営会議では決定した。私も人材育成委員会のトップとして決めた以上、責任と義務を感じる。

また、これは講師の入江さんに対しても、相当なプレッシャーになるなと感じた。率直にいえば、外部の人間からいろいろ言われても変えてはいけない守るべきものがあるし、それが支援の質に関わるものだから、職員の働きやすさにばかり注目するわけにはいかない。今バーンアウト寸前で、この研修に過大に期待している職員を納得させられるような研修ができるか？ これは相当に難しい仕事、困難なミッションである。

しかし、登る山は高いほうが頂上に達した時の喜びが大きいように、仕事が困難なほど達成感はあるはずです。これから1年間、共に闘っていきましょう！

〈第2講〉

研修後、当園の有志で、課題を話し合う会議をもった。現時点で、人手不足をどうするか？　今、助勤をしながら勤務を回しているクラスをどうすべきか？　話し合った。

この研修を通じて、確実にみんなの意識が変わっているのを感じる。それを一過性にしないで、業務効率化につなげていく。

〈第6講〉

基本行動について、挨拶、返事、後始末、「はきものをそろえよう！」などと声をかけても、今時の職員は前時代的だと感じてしまう気もするが、確かに教員をしていたときには、荒れた学校を立て直すのに、靴をそろえることがとても有効だったと感じた。

当園でも基本行動をしっかり実践することは大切だと思う。以前から、トイレ掃除ができる職員は支援もできると評価されていた。最近はハウスキーピングの職員にお願いすることが増え、トイレ掃除の業務に入ることが少なくなってきているが、「心は取り出して磨けないが、人が嫌がるトイレ掃除をすれば、心を磨くことができる」という理論に共感する。

長時間労働という点は、主任や主任補佐の仕事が多すぎるので、業務の棚卸しをしてみるとよいかもしれない。時間内で終えるためには、勤務時間内にそれらの仕事をする時間があればいいのだが、勤務時間はメンバーの支援だけで終わってしまう。主任の仕事も、下に割り振ることができるとよいのだが、やたらに割り振ることも難しいので、考慮しながら下に任せていきたい。

「長く働き続ける職場」にするために、人間関係のよい職場をつくっていきたい。大変な勤務を共にし、一日終わった時に「ありがとう。一日おかげで助かりました」と感謝していきたい。今の当園には職員一人ひとりが貴重な存在だから、一人ひとりの存在を大切にできるような、そんな職場にしたいと思う。

〈第9講〉

今回は当園の行動基準について考えた。これで理念・憲章・行動基準が全て決まった。行動基準を浸透させるために、どんな行動ができるのかを相談した。私は人材育成委員会の立場から、来年度の新人研修にそれを組み込んでいく。

〈第10講・最終回〉

最後の研修では各クラスでプレゼンテーションをした。3月の忙しい中で動画をつくるなんて無理だと思ったし、クラスの職員からも批判的なことを言われた。それでも簡略的なものをつくるつもりで、シナリオだけ提示すると、クラスの若手職員が夜勤の後で残ってつくってくれた！ 他のクラスも同じような状況だったと思うが、それぞれよくがんばってつくっていて、感動した！

今後は目標進捗表にあったように、理念の浸透のために「人材育成委員会」を使って、新人研修に取り入れていきたいと思う。4月は新人研修のための研修計画を作成し、その中で理念の浸透を図っていきたい。

1年間、当園としても個人的にも、様々な困難があったが、乗り越えてきて、あらためて当園の原点を見つめ直すことができてよかったと思う。「長く勤めることができる職場をつくる」ことを目標に1年間実践してきた。その成果もあって、たくさんの新人職員を迎えることができた。その職員たちも「長く勤めてもらうために」、大切に育成していきたいと思う。

このように、高い専門性を有しているが、長時間勤務でバーンアウトしかけている職員集団に対し、挨拶や掃除など、人として当たり前のことを実践することで人間関係をよりよくしよう、効率性を高めよう、生産性を高めようと研修で提案。これに職員が見事に応えてくれて、各種委員会を設け、話し合いを実施。効率性を高めるために何をすればいいか、ＰＤＣＡ（計画〜実行〜評価〜改善）を何度も回し、徐々に徐々に長時間勤務実態を見直していきました。

今では「明星の奇跡」という高い**専門性**をさらに磨きつつ、**人間性・人間関係**のよい職員集団を築き上げ、**離職率低下、応募率向上**を実現しています。

第4章
専門性
Skill

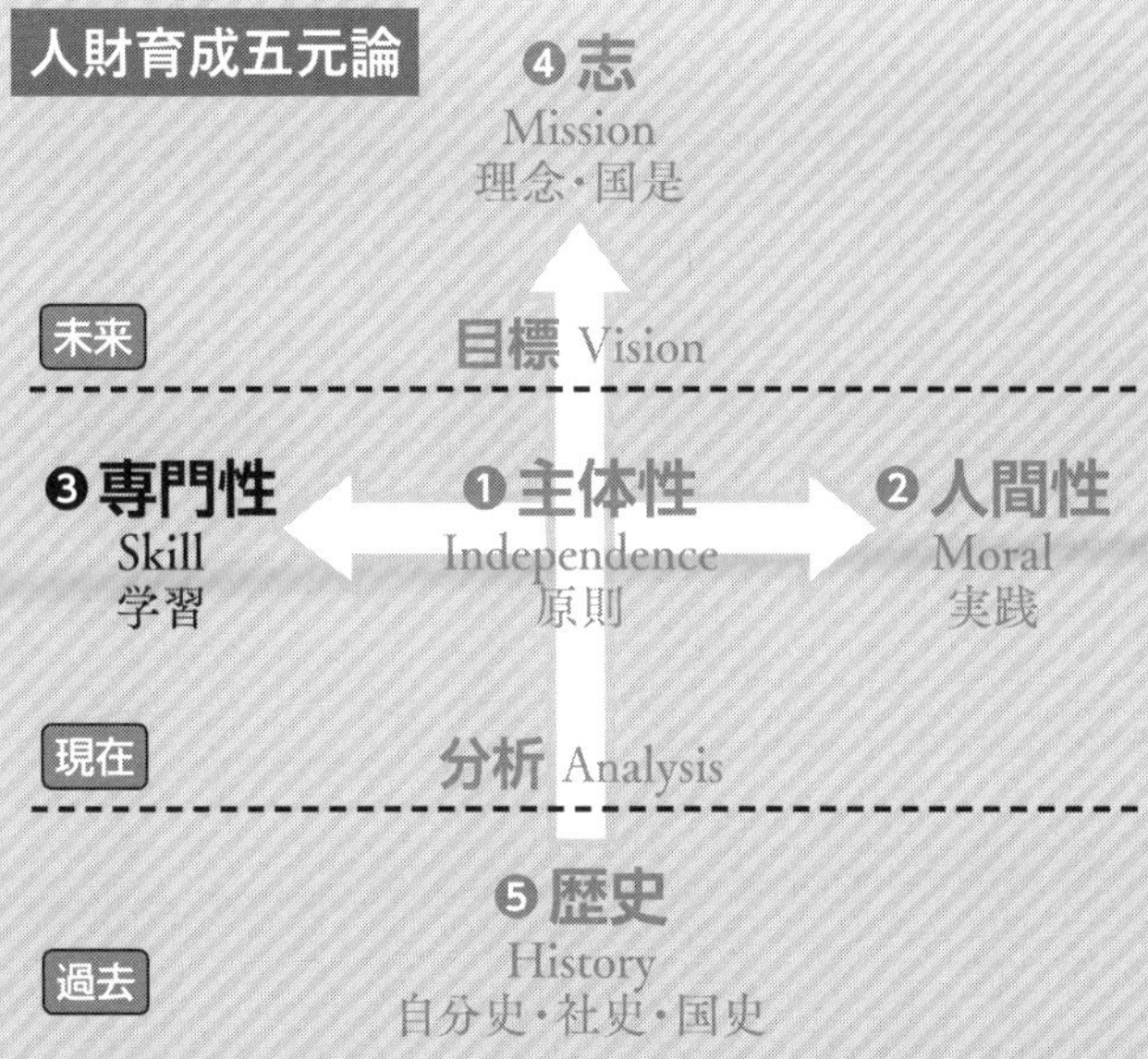
人財育成五元論
❹志
Mission
理念・国是
未来
目標 Vision
❸専門性
Skill
学習
❶主体性
Independence
原則
❷人間性
Moral
実践
現在
分析 Analysis
❺歴史
History
自分史・社史・国史
過去

専門性とは、専門知識、基礎学力、技能、資格といったことです。いわば課題を解決する力のこと。課題を解決するという価値を提供することで、その対価として私たちは報酬を得ることができるので、「報酬の源泉」ということもできます。そう、私たちは専門性を有していなければ、報酬を得ることができないのです。

医師は医療で命を救うという価値を提供することで報酬を得る。弁護士は法を弁じ、クライアントを護るという価値を提供することで報酬を得る。営業パーソンはお客様に物や事を販売し、喜びを与えるという価値を提供することで報酬を得る。そのようなことです。

私たちは、専門性を有しているから（もしくはこれから専門性を有するだろうと会社から期待をされているから）、報酬を得ることができるのです。

それでは、専門性はどうすれば高めることができるのでしょうか。本章では「専門性の高め方」について、そしてそれを会社でどう提供すればいいかについて、考察します。

この方法は、新型コロナウイルス感染拡大前と後で、大きく変わりました。

専門性を高める伝統3＋革新3の方法

この3つと3つを組み合わせることで、人は育ちます

専門性はどうすれば高まるのか。専門性を高めるための方法とは何か。それをひとことで言うと**「学習」**となります。学習には、「本を読む」「講義を聴く」「問題を解く」「議論する」「学びを現場で実践する」などいろいろな方法がありますが、これらを総称した「学習」によって、私たちは専門性を高めることができます。

仕事を通じてビジネスパーソンが受ける学習は、主に3種類あります。「OJT」「Off-JT」「SD」の3種類です。以下、順番に簡潔に説明します。

① OJT（職場内教育）

OJTとは、「On the Job Training」の略で、職場内において実務経験を通じて社員の教育を行うことです。教育を受ける部下も指導者となる上司も勤務中に行うことができるので、場所を移動したり仕事から離れたりする必要がないという特徴があります。

OJTのメリットは、①社員を実践的に鍛えられる、②社員の成長度に応じて計画の変

更がしやすい、③コストがあまりかからない、などがあります。

デメリットは、①指導者により進捗度や習熟度に差異が出やすい、②体系的な指導が難しい、などがあります。

② Ｏｆｆ－ＪＴ（業務外教育）

Ｏｆｆ－ＪＴとは、「Off the Job Training」の略で、業務から切り離し、職場と異なる場を設けて行う研修のことです。外部講師を招いて講義する場合も、内部社員が講師として講義する場合もあります。Ｏｆｆ－ＪＴの種類にはいろいろありますが、その代表例は「集合研修」です。この「集合研修」が、コロナの影響で大きく減り、代わりに行われたのが（Zoomなどを用いた）「オンライン研修」、そして「ｅラーニング」です。これら３つをどう行うのか、ポストコロナ時代を生き抜くにあたり大事なことですので、次項で詳しく述べます。

Ｏｆｆ－ＪＴのメリットは、①外部専門家が研修を組み立てる場合、理論的で体系的な知識の習得がしやすい、②グループワークなどで参加者同士の交流がしやすい、などがあります。

デメリットは、①外部講師を招聘《しょうへい》する、あるいは外部研修を受講する場合はコストがかかる、②研修内容検討や講師選定に手間がかかる、③内部講師育成には時間がかかる、などがあります。

③ SD（自己啓発）

SDとは、「Self Development」の略で、自己啓発のことです。具体的には、外部セミナーや外部研修の受講、読書、通信教育、資格取得などです。会社の制度として、これらにかかる費用の負担（一部または全額負担）、外部セミナーや研修情報の提供といったものがあると、社員の自己啓発を後押しでき、成長をバックアップすることになります。社員は成長することでより多くの価値をお客様に提供し、その価値を会社に還元できるようになります。

SDのメリットは、①社員の選択の幅が広く自由度が高い、②社員が自分の意思でやるかやらないかを決めるので主体的に成長する、などがあります。

デメリットは、①社員の選択の幅が広く自由度が高いことで、やる人はやる、やらない人はやらないため、社員の二極化が進む、②強制力がないので途中で挫折する人もいる、などがあります。

以上3＋3種類が、仕事に関連してビジネスパーソンが受ける学習です。まとめると次のようになります。

①ＯＪＴ（職場内教育）
②Ｏｆｆ-ＪＴ（業務外教育）
(1)集合研修
(2)オンライン研修
(3)ｅラーニング
③ＳＤ（自己啓発）

ポストコロナ時代の研修特性

コロナの影響で、研修の幅が広がりました

人財育成・研修業界は、コロナの影響を大きく受けた業界の一つです。「売上減の中、人財育成は不要不急」「三密対策により集合研修ができない」「ＯＪＴは濃厚接触につながるのでやりにくい」となり、それまでと状況は一変。人財育成が思うままにできない会社が急増しました。

しかし、会社の経営資源である「人」「物」「金」「情報」のうち、全てを生み出すのは「人」です。人に対する投資をしないということは、これからの厳しい時代を生き抜くにあたり、致命傷にもなりかねません。

コロナの影響を受けつつも、人財育成を積極的に行っている会社もあります。

例えば、Ｏｆｆ-ＪＴは、今までは、「集合研修」がその役割を担っていましたが、「オンライン研修」や「ｅラーニング」も、やり方によっては効果的だということが、コロナの影響によりこの方法でやるしかなかった多くの会社で認知されました。

研修特性比較

集合研修	オンライン研修	eラーニング
納得・肚落ち 心 知恵 右脳 人間性・主体性	**情報伝達** 頭 知識 左脳 専門性	同左 (受講後に受講者同士で議論する場を設けなければ、受講効果は乏しい)
講師力 誰が言うか	**コンテンツ力** 何を言うか	
行動変容 実践を決意する場 場所・時間を合わせる	行動変容確認 実践を検証する場 **場所を問わない**	
高コスト	**低コスト**	**低コスト**

ポストコロナの時代には、「集合研修」「オンライン研修」「eラーニング」をハイブリッド（組み合わせ）で提供するという未来も見えてきました。

そこで、「集合研修」「オンライン研修」「eラーニング」にどのような特徴・効果があるか、別表にまとめましたのでご覧ください。

教育効果70：20：10の法則

これが鉄則！ 効果的・効率的な人財育成法

この新しい時代において、効果的・効率的な人財育成を行うために、3＋3の研修法をどのように組み合わせればいいのでしょうか？

ここで参考になるのが、**「70：20：10の法則」**です。これは、アメリカのリーダーシップ研究の調査機関ロミンガー社の調査・分析結果から生まれた法則です。同社が、リーダーシップがうまく発揮できている経営幹部に対して「どのようなことが成長に役立ったか」という調査を行ったところ、**「70％が仕事経験、20％が他者との関わり、10％が公式の学習」**であることがわかったというものです。これを図にすると、次ページのようになります。

この70：20：10の法則は、人財育成・研修の世界にインパクトを与えました。あれだけ一生懸命研修しても、その効果は10％しかないんだ……と。しかし、10％でも「学習」がないと、その後の20％の「関わり」が上司の経験値でしか語られないため部下に響かず効果が薄くなり、「学習」に基づく「仕事経験」がなされないため社員の成長が鈍化するこ

教育効果　70:20:10の法則（Lominger Ltd Inc）

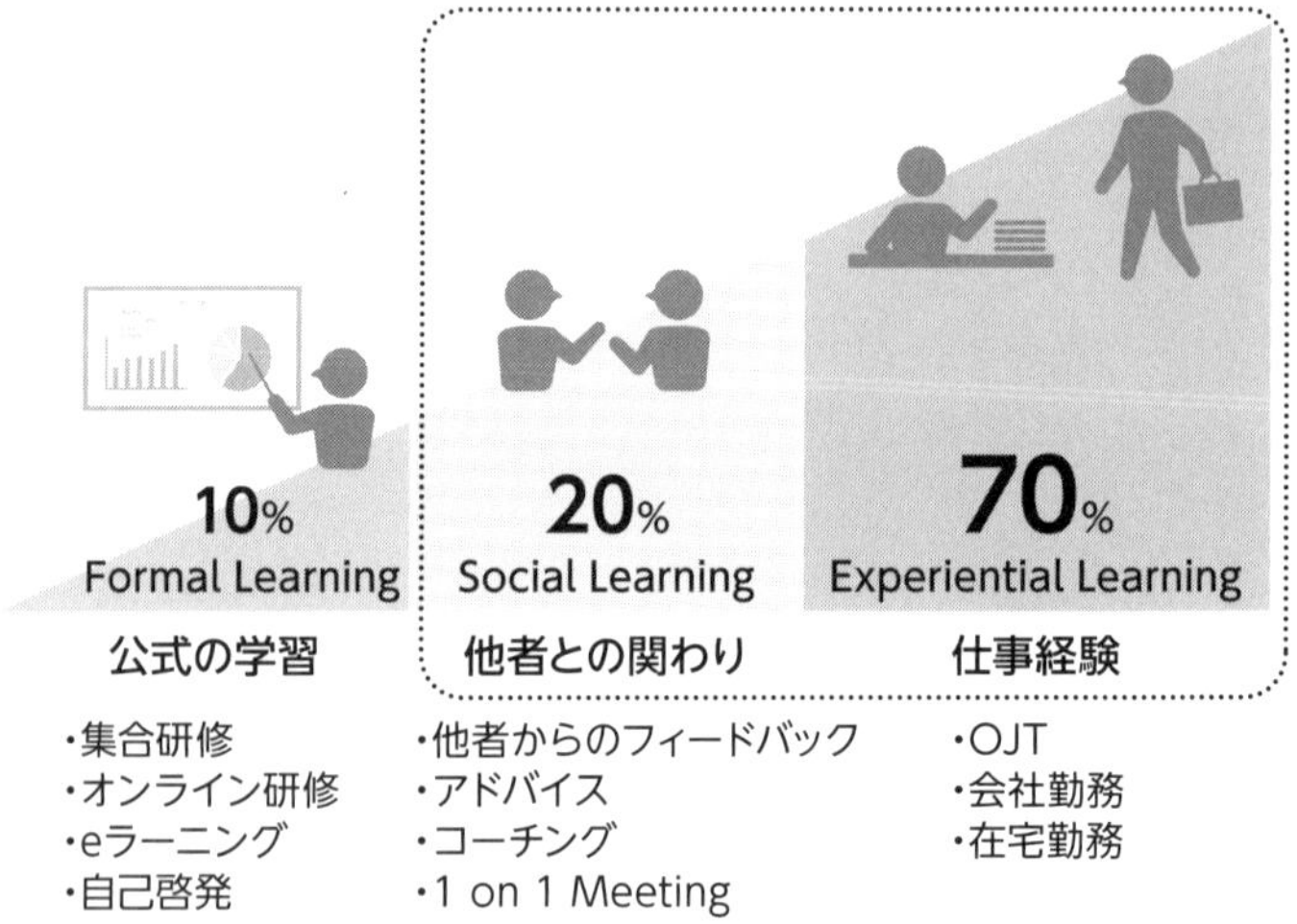

とになります。その起点となるのは「学習」です。効果が10%であれば、その10%の効果が最大になるような研修を行えばいいのです。

この10%の「学習」を、全て「集合研修」にする必要はありません。新しい時代に対応し、「オンライン研修」「eラーニング」を組み合わせると、コストは抑えられます。

「オンライン研修」は、講師や受講生と画面越しでしかつながれずどうしても距離感があり、伝わる熱意や情報は半減してしまいますが、情報伝達としての効果は絶大です。講師が講義する画面を共有できるので見やすく、情報として伝わるものは集合研修と遜色ありません。「時間と場所の制約を受けない」「費用を抑えられる」という、プライスレスな価値もあります。

「eラーニング」については、始まって20年以上経ちますが、以前は「意味のない研修」の代名詞でした。机の前に何十分も拘束される、講義のペースが遅いから飽きやすい、パソコンを前にするからパソコンで他の仕事をしたくなる、周りから声をかけられる、電話が鳴る、集中力が保てない……。これで効果が出たら奇跡です。そこで現代は、「マイクロラーニング」という新たなeラーニングが生まれました。

「マイクロラーニング」とは、5分ほどに細切れして提供されるeラーニングです。休憩中や通勤中といったスキマ時間に、スマホ・タブレット・パソコンからアクセスできる、新時代のラーニングツールです。これは忙しい現代人にフィットしており、何か困った時にすぐにアクセスして答えを見つけられるため、高い効果を発揮しています。

さらに、この「eラーニング」「マイクロラーニング」に組み合わせたいのが、アウトプットです。学びは聞くだけでは身につきません。学んだことを話し合う、実践するなどの経験を経て、学びは自らの血となり肉となります。そこで、「eラーニング」「マイクロラーニング」後に、話し合いの時間を設けることです。その時、使えるのがオンラインシステムです。以前は話し合うために場所と時間を合わせる必要があり、忙しい現代、これがなかなかできませんでしたが、今はそうでもありません。Zoom等のオンラインシステムを使えば、どこからでもつながることができます。こうして効果的・効率的に話し合うことができる時代になりました。

まとめると、「公式の学習」については、「集合研修」「オンライン研修」「eラーニング」「自己啓発」を組み合わせ、就業時間の10％の時間を確保することができれば、それは人が最大に成長するということになります。「他者との関わり」については、1on1ミーティングやグループミーティング、双方向での朝礼・会議などの時間を合わせ、20％の時間を確保できれば、人は最大に成長します。

「いやいや、そんな時間はとれない」。ごもっともです。これだけの時間をとるのは至難の業です。人財育成は、緊急性はないが重要な「第2領域」の仕事です。やらなくてもすぐに困ることはありません。が、やらなくていいのでしょうか。会社の経営資源は、人＋物＋金＋情報です。このうち、全てを生み出すのは「人」です。人に対する投資をしない

新時代の教育提供

		月間時間数（現状）	割合	月間時間数（理想）	割合
公式の学習	集合研修 オンライン研修 マイクロラーニング 自己啓発			○時間 ○時間 ○時間 ○時間 } 16時間	10%
他者との関わり	学習報告会 1 on 1 Meeting グループミーティング			○時間 ○時間 ○時間 } 32時間	20%
仕事経験	OJT 会社勤務 在宅勤務			○時間 ○時間 ○時間 } 112時間	70%

ということは、ポストコロナという、選ばれ続けない限り生き残ることができない時代において、致命傷になる危険性があります。

そうはいっても学習10%、関わり20%もの時間をとれないことはよくわかります。であれば、その半分でもいい。4分の1でもいい。それくらいの時間をとることもできないでしょうか。学習ゼロでは、この厳しい時代を生き抜く知恵が生まれません。今やっていることと同じことを繰り返すことしかできない。これで生き残ることができるのでしょうか。

ダーウィンは、「進化論」でこう言っています。

「もっとも強い者、賢い者が生き残ったのではない。
生き残ったのは、変化に対応した者である」

と。会社経営において、変化のきっかけになるのは、「学習」です。10％、あるいは5％、2・5％でもいい。オンラインという時代の風もあります。生き残りを賭け、オンラインも活用し、「公式の学習」の仕組みを整えてほしい。そして20％、いや10％、5％でもいい。「他者との関わり」の仕組みを整えてほしいと、切に願っています。

事例

キャリアパス研修で、やるべきことが明確になりました

認定こども園 みどりのかぜ北ウイング（青森県）

私はキャリアパス研修を、これまでに20社以上で行ってきました。

キャリアパス研修とは、会社の、①「理念」、②「理念に基づく行動」（行動基準）、③「理念に基づく行動を実践している人を適正に評価する仕組み（キャリアパス制度）をつくる」ための研修です。

キャリアパス研修では、自分たちの専門性や人間性を発揮している行動とは何か、みんなで議論し言語化していくため、行動が統一化されていきます。組織の一体感が増し、話し合いの文化が育まれ、コミュニケーションが良化するという効果があります。

このキャリアパス研修を1年間、青森県の4つの認定こども園である桔梗野幼稚園、高館幼稚園、みどりのかぜエデュカーレ、みどりのかぜ北ウイングで行いました。受講された、北ウイングのリーダーの初回、最終回、そしてその3カ月後のフォローアップ研修の感想をご紹介します。園がどのように変化したのか、どうぞご確認ください。

〈初回〉

キャリアパス研修。どんなことをするのかなとドキドキしていましたが、はじめに行った自己紹介により参加者全員が打ち解けることができ、楽しく参加することができました。

その後見た震災時のディズニーの対応では、ただただ「すごい！」の言葉しか出てきませんでした。キャストの9割がアルバイトにもかかわらず、「一人ひとりが判断し、行動する力」のすごさに驚きました。実際に、私が今いる園でこのようなことが起きた時に私たちにこのような行動ができるか……と考えましたが、全職員が慌てずに行動できる自信がありません。ディズニーの使命「全てのゲストにハピネスを提供する」は、私たち幼児教育に携わる全ての人の使命にとても似ています。子供一人ひとりのために！ そして働くお母さんたちのために！ 一人ひとりの意識のもち方でよくも悪くもなってしまうことの重要性をあらためて感じました。

園の職員一人ひとりが同じ目標に向かって取り組んでいけるよう、これからの研修でたくさんのことを学び、吸収し、一緒に働く職員の模範となり、園全体が今よりももっとみなさんに求められるようにがんばりたいと強く思いました。

〈最終回〉

全10講の研修、ありがとうございました。

はじめに行った研修では、園の課題も見えてきて、そこに向かって私たちが取り組んでいくべきことも明確にすることができました。

そして人間力アップの研修では「報恩感謝」「自喜喜他」など、自分自身に足りていないものを知るきっかけになりました。毎回研修を受講する度に本当にためになる話をしてくださり、私はキャリアパス研修がとても楽しみでした。

今回の研修で学んだことを実践し、取り組んでいきます。

私がこれから意識して取り組む実践目標は、「ラブコミュニケーション」「プラスの氣を発する」「ありがとうの種をまき、ありがとうの花を咲かせる」です。

この研修は終わりではなくスタート！　と、理事長先生もおっしゃっていました。「今、ここから」がんばります。

本当にステキな時間をありがとうございました。

プレゼンテーションもすごくよい経験になりました。

〈3カ月後・フォローアップ研修〉

今回みなさんの近況報告を聞き、今までの入江先生の研修内容がとても活かされているな！　私ももっとがんばろう！　という気持ちになれました。

私たちの園が昨年度と大きく変わったことは、「ありがとう」の言葉が常にいきかうようになったことです。「ラブコミュニケーション」が根付いてきたように思います。

これからももっと「ラブコミュニケーション」を行い、よりよい環境をつくっていきます。

研修をした4つの認定こども園では、園の理念をひとことで象徴する言葉として、「ラブコミュニケーション」を掲げました。何か物事を判断する時には、全て「ラブコミュニケーション」に基づいて考える。それが「ラブコミュニケーション」的な行動であれば是だし、「ラブコミュニケーション」に反する行動であれば否とするといった形です。

このように、判断基準が明確でわかりやすくなると、その判断基準に基づいてスタッフは主体的に行動するようになっていきます。基本的なところで価値観がぶつかり合うようなことがなくなるから、人間関係はよくなります。より専門的に突っ込んだ話し合いができるようになり、専門性も高まります。

こうして園全体に「ラブコミュニケーション」が浸透した4つの認定こども園。スタッフを起点とした**「愛ある人間関係」**は、もちろん子供や保護者にも広がっていきました。**「挨拶」「ありがとう」「笑顔」**の発信源として、地域に愛される園であり続けています。

第5章

志

Mission

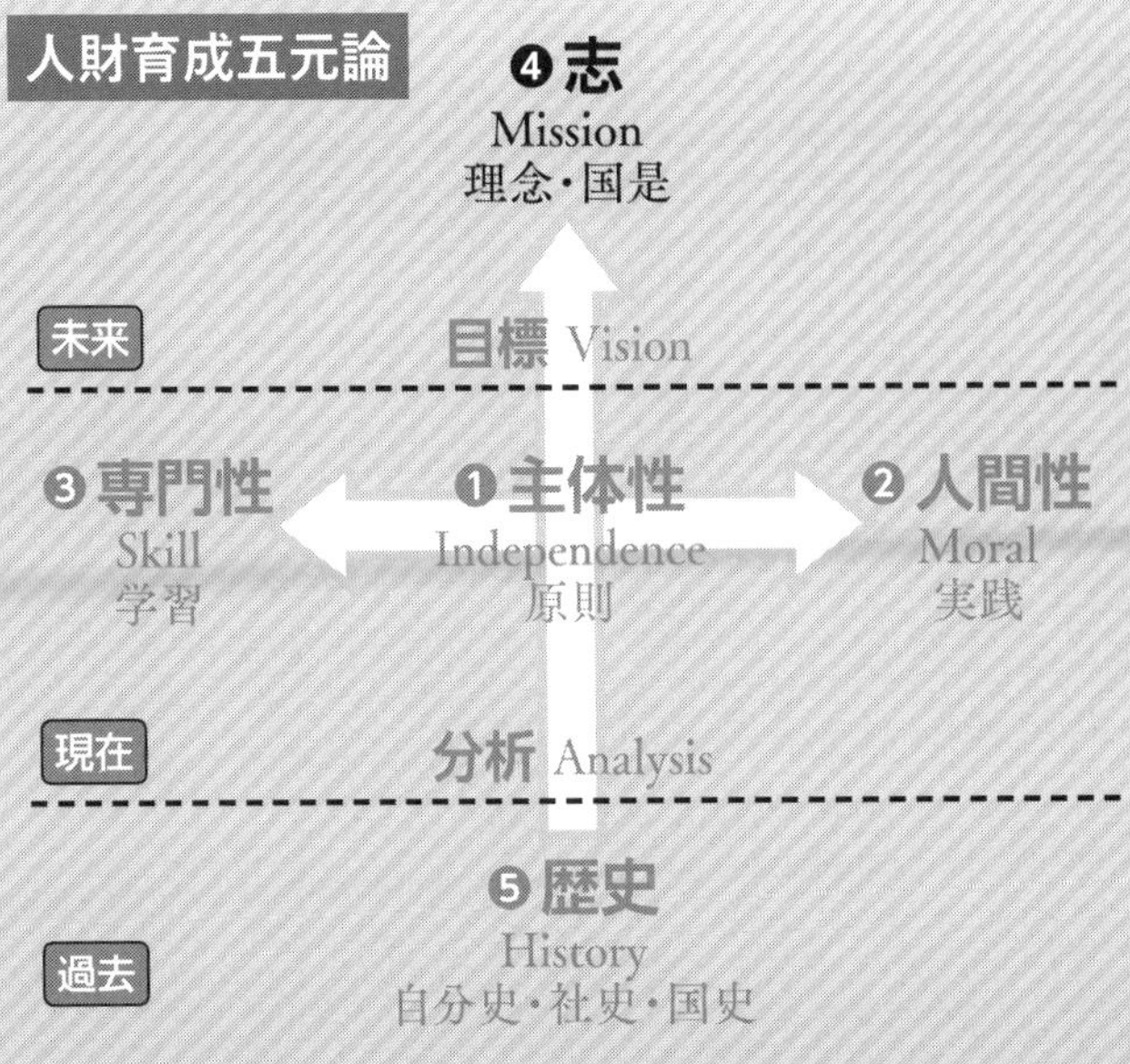

人財育成五元論
❹志
Mission
理念・国是
未来
目標 Vision
❸専門性
Skill
学習
❶主体性
Independence
原則
❷人間性
Moral
実践
現在
分析 Analysis
❺歴史
History
自分史・社史・国史
過去

志とは、何のため、誰のために生きるのかを決めることです。志（こころざし）という漢字を「こころ」＋「ざし」に分解すると、心が指す方向を決めること、となります。一度しかないわが人生の方向性を決めることです。

志が大事という話はよく聞きます。しかし、その志をどう立てればいいのかということについては、わかっているようでよくわからないのが実情だと思います。そこで本章では、志の立て方について、わかりやすくお伝えします。

この機会にぜひ、あなたの志を立ててみてください（もしくはアップデートしてみてください）。

志を立てることから、全てのものはスタートします

人生の意義を見出せば、今何をすべきか見えてきます

「幕末の志士」「志の人」といわれて思い浮かぶのは、どなたでしょうか？　いろいろな人の名前が出てきそうですが、この人抜きに「志」は語れないという人がいます。そう、吉田松陰です。

松陰先生は教育者として大きな実績を残しました。長州藩（山口県）萩という片田舎で、たった2年半、90余人を教えただけなので、時間も人数も多くないのですが、その弟子たちが大人物に育ちました。どんな人物が育ったのかというと、

総理大臣　2名（伊藤博文、山縣有朋）
国務大臣　7名
大学創始者　2名

です。これってすごくありませんか。あなたのご学友に、大臣はいますか。普通いないですよね。一人の先生がたった2年半教えただけで、これだけの人物を輩出した。画期的なことです。

松陰先生の教育がまたユニークです。

「今の世界の状況はこうである。そして日本はこんな状況。日本の国体はこうである。諸外国がもう目の前に来ている。このままでは危うい。隣の清国は英国の武力とアヘンに屈した。日本は存亡の危機に瀕している。そこで君に問いたい。君の志は何か？」

講義をしては志を問う。そして何を実践するのかを問う。この繰り返しだったそうです。

松陰先生が残した有名な言葉に、この言葉があります。

「志を立てて以て万物の源と為す」

これはどういう意味かというと、「志を立てることから、全てのものはスタートする」ということです。確かにそうです。富士山を登った人に、「なぜ富士山に登れたのですか？」と聞くと、いろいろな答えが返ってきますが、唯一全員に共通する答えがあります。それは、「富士山に登ろうと思ったから」です。

そうです。富士山に登ろうと思わない限り、富士山には登れないのです。自分の過去の延長線上にあるような目標は放っておいてもそうなる。そうではなく、何か新しいことをするのであれば、志や目標を立てない限り、絶対にそこには到達できません。志を立てることが、叶える第一歩になる。なるほど、その通りです。

この「立志」について、前述の「躾の三原則」「職場の三原則」を提唱された森信三先生は、こうおっしゃっています。

「自分の人生の意義をどこに見出すか、その覚悟を決めることを、『立志』と言う。古来、我が国の教育においては、この『立志』が最も重視された。志がないままに、いろいろな知識を教え込んでも、無用の長物である。逆に志さえあれば、必要な知識は自分で求めてやまないようになる」

この言葉を聞くと、その通り！　と喝采を上げたくなると同時に、もう一つの思いが去来します。それは、「ああ、今の学校教育には、この『志』についての教えが乏しいから、自分の進路を自分で決められない若者が育っているのだな」と。

私、入江元太45歳。30年ほど前に公教育をがっつり受けてきました。小学校から大学まで、6＋3＋3＋4年もの間、学校教育を受けさせていただきました。ありがたいことです。が、志について聞いた記憶がありません。いや、聞いたのかもしれない。でもまったく覚えていません。何のために生きるか。誰のために生きるのか。一度しかないわが人生の生き様について問う言葉です。このことを聞かれた記憶がまったくないのです。

楽しかった勉強に弾みがついて中学受験で大学の付属校に合格し、その後なんとなく生きて高校、大学と進学し、いざ就職活動で進路を問われた時に明確な答えが出てこずにとても困った。40社も就職活動して全敗した。こんな情けない経歴をもっています。

なぜか。そう、志がなかったからです。「自分が楽しければいいじゃん」、そう思って生きてきました。25歳の時に初めて、仕事の楽しさ、人の役に立つ喜びを知って、そこでようやく開眼しましたが、それまではずっと眠っていたかのようです。なぜなら、志について考えたことがなかったから。他にもいろいろ考えられますが、このことが最大の理由です。

私が大学の卒業旅行でバックパックを背負ってヨーロッパを一人旅した時に、たまたま相席になって朝食を一緒に食べたフランス人夫婦に笑われたことを思い出します。「君は何人か?」「どんな旅をしているんだ?」「どこが楽しかったか?」など、英語でいろいろ聞かれるのですが、英語ができない私は単語でしか答えられない。あとは照れくさく笑っているだけ。

そして、「君は全然英語ができないね。英語はどれくらい勉強してきたのか」というようなことを聞かれたので、「(中学3年、高校3年、大学4年だから) about 10 years」と答えました。すると、「君は10年も勉強してきて英語もしゃべれないのか。ハハハ」という感じで笑われました。そうか。これは海外では笑われるレベルなのか。なぜ自分は英語ができないんだろう。自分は語学音痴なのかと。

しばらくはそう信じていました。できない奴だなあ俺、と。そして気づきました。これは、英語に対して志がなかったからだと。何のために英語を勉強するのか。これから国際化はどう進展するのか。その中で日本の相対的地位はどうなるのか。こうしたことに深く気づくことがなかったから、「英語なんて日本にいたら別に必要ないし。へへん」くらいの気持ちでいたから、英語について本気スイッチが入らず、英語ができないまま成人してしまったということです。

前掲の森信三先生の言葉に、「志がないままに、いろいろな知識を教え込んでも、無用の長物である。逆に志さえあれば、必要な知識は自分で求めてやまないようになる」とありますが、まさにその通りです。私には志がなかった。中学受験で解法というスキルを追い求め、その面のスキルは及第点を得ることができましたが、学びがそれで終わってしまっていた。残念です。

このことに33歳で気づき、国家資格（中小企業診断士）勉強を１６００時間して合格し、そこから「人財育成」という志に気づくことができました。遠回りもしてきましたが、結果、よかったと信じています。

どうすれば志を立てることができるのでしょうか

日々の生活を真剣に、本気で行うことが肝心です

志の大事さについてご理解いただけたと思います。それでは、どうすれば志を立てることができるのでしょうか。その答えは、松陰先生と弟子の問答でお伝えします。


松陰の弟子が問います。「先生、志の大事さはわかりました。が、私の志が何か、まだわかりません。どうすればわが志が立つのでしょうか?」。

松陰は答えます。「人には長所が必ず一つはある。その長所を見つけ、伸ばしなさい。そうすれば必ず志が立つであろう」。

また弟子が問います。「わかりました。しかし、私の長所が何なのか、はっきりわかりません。どうすればわが長所がわかるのでしょうか?」。

松陰は答えます。「『至誠』を貫きなさい。『至誠』とは、普段やらなければいけないことを、真剣に本気で、誠意をもってやることです。玄関の掃除、鳥のエサやり……そういうことを真剣にやりなさい。そうすればいつか自分の役割が必ずわかるようになる」。

なるほど、「至誠」であると。至誠とは、人として当たり前のことを実践することです。まさに前述した、挨拶、返事、感謝、笑顔、プラス言葉、傾聴、整理、整頓、清掃、時を守る、約束を守るといったことです。その大事さは知っていても、100%できているかと問われると、誰しも心もとないものです。「やれば気づく」と松蔭先生は言いました。至誠を尽くせば、人として何が正しいのか、何が正しくないのか、何をすると人が喜ぶのか、何をすると自分の魂が喜ぶのかがわかるというのです。

確かにそうです。トイレ掃除では、トイレを磨いているように見えて、実は自分の心も磨いているのです。「至誠」です。人として当たり前のことの「実践」です。これでわが長所が見つかり、志も見つかると、松蔭先生はそうおっしゃっています。

今の子供たちは、この「至誠」を「実践」する機会が著しく減っています。だから心が育っていません。知識はあっても頭でっかちで実務で役に立たない若者が増えています。現代こそ「至誠」の「実践」が求められています。

志は、とにかく言ったり、書いたりしましょう

言う、書く、見る。これが達成の秘訣です

志や、夢、目標を、紙に書いたことがありますか？

志というほど大層なものは書いたことはないが、目標くらいなら書いたことがある。そんな方、多いのではないでしょうか。

イチロー選手が引退会見でこう言いました。**「言葉にして表現することは、目標に近づく一つの方法」**だと。

イチロー選手は記者にこう質問されたのです。「あなたは50歳まで現役を続けると言っていたが、45歳で引退を発表しました。なぜですか」。この質問に対する答えが、前述の言葉でした。補足すると、「確かに50歳まで現役を続けるという意思はあった。50歳まで現役、という目標があったからこそ、この歳までやれたのだと思う。目標を言葉にして表現したからこそ、ここまでやることができた」というものでした。

私も現在、45歳。イチロー選手と同世代です。だからわかるような気がします。45歳にもなると、いくら鍛えていても、どうしても身体は衰えます。特に、視力の低下はどうし

ようもない。「老眼」も避けることはできません。視力が衰えては、一瞬の選球眼が問われる野球では如何ともしがたい。50歳までを目標にやってきたが、45歳になり、身体が衰え、どうしてもファンの期待を超える野球ができなくなった。だからここで辞めることにした。こういうことではないかと推察します。

「言っちゃう、書いちゃう、成っちゃう」という言葉があります。言葉にして表現することでなっちゃう、という意味です。

「言う・言わない」「やる・やらない」でマトリックス表がつくれます。言い換えると、「有言・不言」「実行・不実行」のマトリックス表です。あなたはどの象限を評価しますか。順番を付けてください。

①有言実行
②不言実行
③不言不実行
④有言不実行

このように答える方が多いと思います。これをイチロー選手風に表現すると、

「言う・言わない」「やる・やらない」マトリックス表

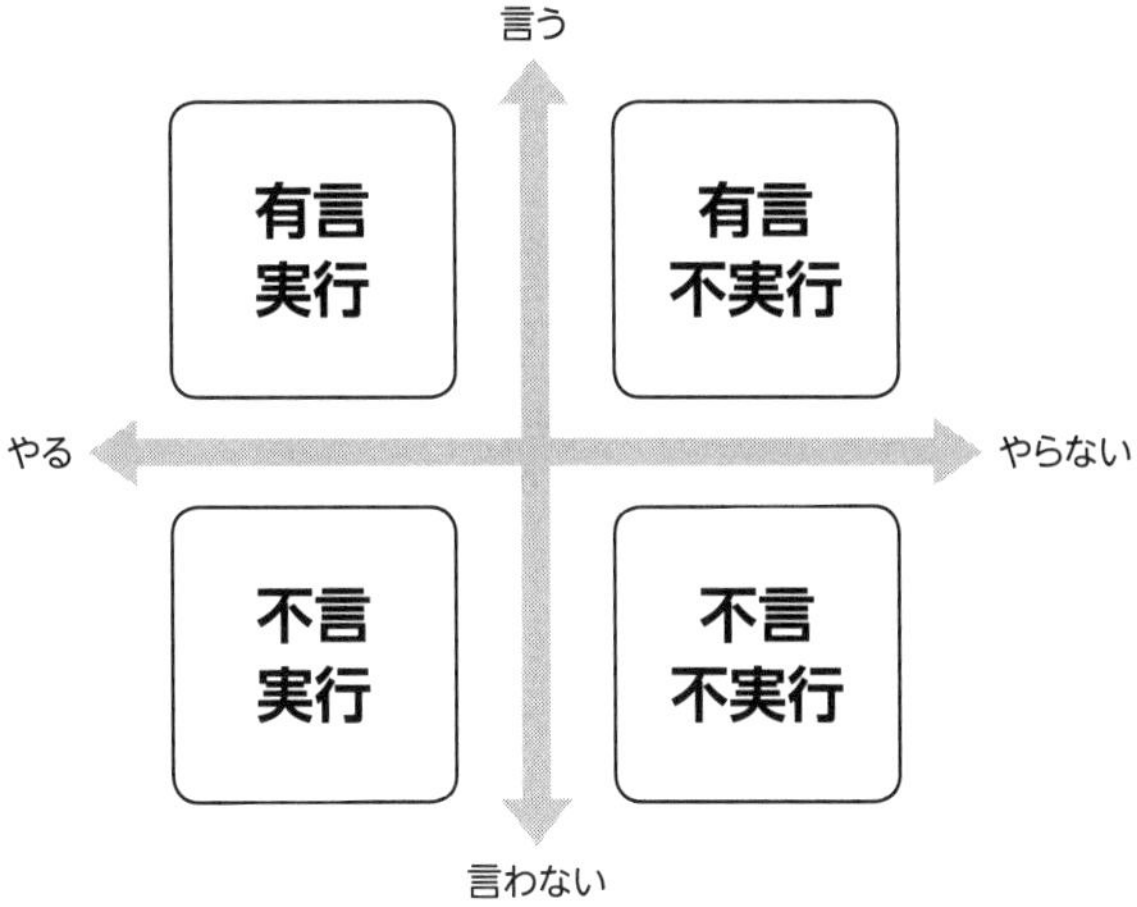

①有言実行
②有言不実行
③不言実行
④不言不実行

だというのです。なぜか。言わないと、「やる」という動機が生まれないからです。やらないとなりようがない。だからまず「言う」ことが大事だと、イチロー選手はそう言っています。

「言ってできなかったらカッコ悪い」「言ってできなかったら人に迷惑かける」。確かにそんな考え方もあります。それは否定しません。とはいえ、今までの人生を思い返してみてください。言わないでやりきったこと、ありますか？

まったく言わずにやりきったことなんて、ほとんどないのではないでしょうか。友達には言わずとも家族に言った。人に言えずとも紙に書いて見るようにしていた。過去の延長線上にない目標を達成した時は、必ず何かしら言ったり書いたりしていたはずです。だから私は推奨します。志、夢、目標は、できれば言いましょう、そして書きましょう、と。

人に言ったらやらざるをえないですよね。書いて、それを毎日見ればやりたくなりますよね。情報が増え、いろいろなことを目にし、いろいろなことが気になり、いろいろなことをやらなければならない昨今、現代人はとかく気が散りがちです。なかなか集中ができない。だから、毎日意識しないとやらなくなります。やらなければ達成できるわけがありません。一年の計は元旦にありといっても、その計を何にしたのか、1月末にはもう忘れている。これでは目標を達成しようがありません。

言えばいいんです。そして書けばいい。さらに毎日見るようにすればいい。こうするだけで目標の80%は達成できるといいます。おすすめです。

イチロー選手の夢作文、ご存知でしょうか。小学校の卒業文集で書いたという伝説の作文です。イチロー選手は文集に書いたことを確実に実践し、中間到達地点である目標は叶わなかったものもありますが、夢・志・目的・ゴールである「一流のプロ野球選手になる」は、それ以上に達成しています。なぜできたのか。やったからです。書いたからです。言ったからです。「言っちゃう、書いちゃう、成っちゃう」まさに金言です。

サッカーの本田圭佑選手、ゴルフの石川遼選手も、ものすごい卒業文集を書いています。ネットで検索すればいくらでも出てきますので、ぜひ一読されることをおすすめします。自分もやりたくなります。

「イチロー選手だからできるんでしょ」、そんな声もよく聞きます。確かにそうですね。彼ほどのセンスがあったからできた。その面は否めません。しかし、イチロー選手が天才な所以《ゆえん》は、抜群の身体能力はもちろん、ルーティンを毎日欠かさず実践する力が抜群だからです。実行者です。やっているから、成ったわけです。

私たちはイチロー選手ほど天才ではない。凡才です。凡才がやらなければ、何にもなりません。凡才だからこそ、やればいい。継続は力、継続こそ力です。やることを見つけ、やり続ければ、一流になれると信じます。

私もそうです。今でこそ研修講師をさせていただいていますが、そもそも私は、人前に出ると顔が真っ赤になり、何も話せなくなる人でした。自分の結婚式のスピーチなんて目も当てられません。それが今では話すことを生業《なりわい》としています。なぜか。やってきたからです。登壇回数100回を超えたあたりで、世界が変わった感じがしました。そして最近、1000回を超え、さらに世界が変わった感覚がします。なぜこうなったのか。やったからです。やってきたからです。やればできる、やらなきゃできないのです。

志、書きたくなりましたか？

9つの質問で人生を内観し、志を描きます

良質な質問で脳がフル回転すると、志が見えてきます

さあそれでは、あなたの志を書いてみましょう！

といっても、なかなか書けないのではないでしょうか。すぐに書ける人は、普段からわが志や使命ついて考えている人です。素晴らしいです。しかし、現代日本には、こういうタイプの人は少ない。書けない人のほうが圧倒的に多数です。

では、どうすれば志を書けるのでしょうか。その方法についていろいろと取り組んできましたが、いちばん書きやすいのは「質問に答える形式」です。良質な質問に答えていくうちに、自分は何のために生まれてきたのか、何をしたい人間なのかが見えてくる。これが効果的でした。脳は、質問（違和感・穴）をすると、その違和感・穴を埋めようと全力で活動する。ここにヒントを見出し、質問形式でわが志を書く方法をつかみました。

続いて、良質な質問を探していきました。いろいろな学びを参考にしましたが、その原点になったのは『7つの習慣』の「ミッション・ステートメント」です。そこにある質問項目を、過去〜現在〜未来の三次元に分け、良質な質問を深堀りしていきました。

ミッション・ステートメント　マンダラシート

7 私的成功「あなたはどんなことを実現したいですか?」 ① 家族　② 趣味 ③ 健康	6 人格「あなたはどんな人になりたいですか?」（人間性・専門性） **未来**	5 墓標「あなたは、あなた自身の葬儀で、大切な人たちから、あなたのことについて、どのように語られたいですか?」
8 公的成功「あなたはどんなことを実現したいですか?」 ① 仕事　② 教養 ③ お金	9 原則「あなたの行動の基盤となる原則（価値観・判断基準）は?」（主体性） **現在**	4 長所「あなたの長所や才能は?」（箇条書きで、30個以上を目標に書く）
1 出会い「あなたの人生で、大きな出会い・出来事・気づきは?」（箇条書きでたくさん書く）	2 感動「あなたの人生で、最高に嬉しかったこととその理由は?」 **過去**	3 苦難「あなたの人生で、一番の苦難とその壁を突破した方法は?」

さらに、書き込むシートのフォーマットも追求しました。これは松田充弘氏の『しつもん仕事術』にある「魔法の質問マンダラチャート」を参考に、理想な形を追求していきました。

こうして完成しました。題して**「ミッション・ステートメント　マンダラシート」**です。9つの質問に順番に答えていくうちに、わが「志」と「原則」（価値観・判断基準）が見えてきます。さらには、わが主体性・人間性・専門性

（資質・能力三本柱）をどう磨いていきたいのか、そしてわが人生において何を実現したいのかということまで見えてきます。ご紹介します。

1 出会い「あなたの人生で、大きな出会い・出来事・気づきは？」
2 感動「あなたの人生で、最高に嬉しかったこととその理由は？」
3 苦難「あなたの人生で、一番の苦難とその壁を突破した方法は？」
4 長所「あなたの長所や才能は？」（30個以上を目標に書く）
5 墓標「あなたは、あなた自身の葬儀で、大切な人たちから、あなたのことについて、どのように語られたいですか？」
6 人格「あなたはどんな人になりたいですか？」（人間性・専門性）
7 私的成功「あなたはどんなことを実現したいですか？」
①家族
②趣味
③健康
8 公的成功「あなたはどんなことを実現したいですか？」

年　月　日　社名:　　　　　　　　　　氏名:

	5 墓標「あなたは、あなた自身の葬儀で、大切な人たちから、あなたのことについて、どのように語られたいですか?」
	4 長所「あなたの長所や才能は?」(箇条書きで、30個以上を目標に書く)
	3 苦難「あなたの人生で、一番の苦難とその壁を突破した方法は?」

ミッション・ステートメント　マンダラシート

7 私的成功「あなたはどんなことを実現したいですか?」 ① 家族　② 趣味　③ 健康	6 人格「あなたはどんな人になりたいですか?」(人間性・専門性)
8 公的成功「あなたはどんなことを実現したいですか?」 ① 仕事　② 教養　③ お金	9 原則「あなたの行動の基盤となる原則(価値観・判断基準)は?」(主体性)
1 出会い「あなたの人生で、大きな出会い・出来事・気づきは?」(箇条書きでたくさん書く)	2 感動「あなたの人生で、最高に嬉しかったことととその理由は?」

①仕事
②教養
③お金

9 原則「あなたの行動の基盤となる原則（価値観・判断基準）は？」（主体性）

ポイントは、どの項目も、箇条書きでたくさん書くということです。そして、30分ほどに時間を区切ってぱっと書く、全て書き終わったら全体を俯瞰し、各項目の言葉を絞り込んでいくということです。

研修で行う場合は、1マスごとに3分で書いてもらい、その後3〜4人グループで一人1分ずつ発表。グループ全員が発表してから次のマスに移り、また「3分記入・1分発表」を繰り返していくと、計1時間ほどで、全員、全マス埋まります。他の人の発表を参考にしながら書いていくので、お互いの意見で切磋琢磨することができ、とても満足感の高いものが完成します。一人で黙々と書くのもいいですが、グループでつくり合うのもおすすめです。これは、第6章で述べる「自己開示・自己受容・他者受容」にもつながります。

事例

理念策定とともに、人も、会社も、変わり始めました

株式会社カーライフサービス多摩車両（東京都）

理念とは、会社の目的です。いわば会社にとっての志です。これを言語化することで、社員一人ひとりに浸透し、一人ひとりの行動が変われば、もちろん会社も変わります。変化を創造した事例として、つばさホールディングス株式会社および株式会社カーライフサービス多摩車両の代表取締役社長の猪股浩行さんへのインタビューをご紹介します。

――カーライフサービス多摩車両とはどのような会社ですか。理念の策定に向けた研修・コンサルティングを入江さんに依頼したのには、どのような背景があったのでしょうか。

わが社の創業は、終戦の翌々月にあたる昭和20年10月。鈑金修理や車両整備、新車・中古車販売を展開する歴史ある会社です。私が当社の代表取締役に就任したのは2016年8月のことで、それ以来、事業再生に近いかたちで経営の再建に取り組んできました。なぜ再建が必要になったかといえば、高度成長期の会社のあり方から脱却できなか

ったということに尽きると思います。日本経済の右肩上がりの成長と、モータリゼーションの進展という強力な「追い風」を受けて当社は発展を続けてきたわけですが、これらの「追い風」はとうの昔に止んでいました。このように経営環境が大きく変化したのにもかかわらず、古くから続く体制を変えられず、人材の新陳代謝も進められなかった。ビジネスを抜本的に変革して新たな市場を開拓しようという気運が高まることもなく、どん詰まりの状況に陥っていたんです。実際、私が当社にきた頃のお客さまといえば、昔から馴染みのご高齢の方ばかりで、しかも、彼らの満足度さえ非常に低い状態でしたからね。

こうした状況から復活を遂げるには、自社の強みを見極めたうえで、徹底的に磨き上げ、地域の皆さまに必要とされる会社へと進化を遂げるほかありませんでした。その中核をつくりあげるべく、理念の策定に力を入れたのです。理念とはいわば「北極星」のようなものです。理念があるからこそ、考え方も行動の仕方も異なるさまざまなメンバーが目標の実現に向けて、迷うことなく突き進んでいける。理念に照らし合わせることによって、メンバー一人ひとりが自らの現在位置を確かめることができる。理念というブレない軸を持つことが必要だったのです。実際には2018年の4月に6人の社員からなるプロジェクトチームをつくり、彼らを中心に理念の策定に向けた取り組みを進めてもらいました。

――数多のコンサルタントのなかから、入江さんを選んだ理由について聞かせてください。

入江さんが素晴らしいと思うのは、いい意味で「先生」のような感じがしない点。つまり、決してエラぶらず、私たちに寄り添いながら挑戦を続ける姿勢です。当社が新たなスタートを切り、力強い発展を成し遂げていくためには、「先生」に言われた通りのことをするよりも、ともに学び、試行錯誤しながら、わが社ならではの理念をつくりあげていくことが大切だと思いました。

――プロジェクトチームのメンバーは、理念の策定に向けて当初から積極的な取り組みを行なっていましたか。

いやいや、当初は積極的なメンバーなどいませんでしたよ。理念の策定という目的が見えづらい課題よりも、目の前にある仕事をこなすのが先決と考えるのは当然のことですし、それだけで精一杯だったのだと思います。こうした葛藤は、みんなが抱えていたはずです。ただ、入江さんの指導のもと、「自分たちは何がしたいのか」「どのような会社でありたいのか」といったテーマについてみんなで議論するうちに、理念を策定する作業を「自分事」として捉えられるようになっていきました。「こんなこと、今まで考えたことないよね」「難しいよね」とぼやきながらプロセスを深めていくうちに少しずつ積極的になっていった印象です。こうした試行錯誤を経て、プロジェクトの発足から半年後の２０１８年10月、新たな理念「Best Partner of Car Life 〜全てはお客様の笑顔のために〜」を完成させることができました。

――理念を策定しても、それが社員一人ひとりに浸透し、行動の変革に結びつかなくては意味がありませんね。理念の浸透度合いについては、どのような印象をお持ちですか。また、理念は経営にどのような影響をもたらしていますか。

理念の策定から約2年が経過した今日、ゆっくりではありますが、確実に浸透しつつあるという手応えはありますね。理念の策定をしたときに「５Ｓ（整理・整頓・清掃・

清潔・しつけ）」を本格的に導入したことや、朝礼で理念を唱和するようにしたことも大きく寄与していると思います。

もっとも、理念を策定したからといって、売上や利益がすぐに上がるわけではありませんし、社員の意識や行動が大きく変わったかといえば、そんなことはありません。しかしながら、理念という基軸ができたことで、「さっきの対応は理念からは外れてるよね」とか「こういう仕事の仕方は私たちらしくないよね」といった会話ができるようになったのは非常に大きいと思っています。また、採用面でも良い結果が出始めています。当社は長い歴史を持つ反面、人の出入りの少ない会社だったのですが、近年は理念に共感して入社を志望する人が増えてきました。理念の存在が人の新陳代謝を促すとともに、理想の人材を採用するチャンスの拡大に寄与しているのは間違いないと思います。

――新たな理念のもと会社のあり方や進むべき方向性を変えようとすると、変革に共感する社員とそうでない社員の間に溝ができてしまう可能性もあるのではないでしょうか。

そうですね。実際、部長を務めていた古参社員が「新しい理念にはどうしてもなじめない。そうした考え方のもとで仕事はできない」といって、理念の策定直後に退職するという出来事もありました。でも、これは必ずしも悪いことではないと思うんですよね。大きな会社であれば「お金をいただくのだから、割に合わないことや嫌なことも我慢してやらなければいけない。仕事とはそういうものだ」という発想が成り立つのかもしれませんが、私たちのような中小企業では、皆がハッピーでなければ、仕事に対するモチベーションは上がりませんし、いい仕事ができるはずがありません。社員一人ひとりが理念に対して共感を寄せる。わが社の理念に共感するお客さまが、新車を購入したり、自動車の整備を依頼したりと、当社のサービスを利用してくださる。このように一つの理念のもと、経営陣から社員、お客さまが互いにハッピーになれる関係を構築することが大切だと思うのです。

――最後になりますが、御社のこれからの展望と、入江さんに対する期待について聞かせてください。

日本企業の99％は中小企業です。その意味で、中小企業の社員が生き生きと働き、明るい未来を描けるようにならなければ、この国の発展はないと思います。私たちは多摩という、東京の一部でありながらも地方都市としての顔をもつエリアを拠点にして、全国の中小企業の「道標」になるような会社をつくっていきたい。地域のなかでイニシアティブを発揮しながら、自分の考えや思いを一つひとつ形にしていくことで、全国の中小企業に勇気を与えられるような存在になりたい。そのためにも、グループ会社との一体感を深め、シナジーを生み出しながら、中小企業だからこそできるビジネスを展開していきたいと思っています。

もっとも、時代が急激に変化するなかで、中小企業はますます余裕がなくなっているのも確か。目先の課題をこなすので精一杯で、理念の策定や社内への浸透、社員の意識改革といった課題に腰を据えて取り組むことは、これまで以上に難しくなっているといわざるをえないでしょう。だからこそ、入江さんにはさらに活躍してほしいのです。中小企業で働く人々が笑顔を輝かせながら活躍できるよう、これからも力強いサポートを続けてほしいと願っています。

いかがでしょうか。理念浸透で会社が変わる。その胎動を本事例から感じていただければ幸いです。

第6章 自分史 History

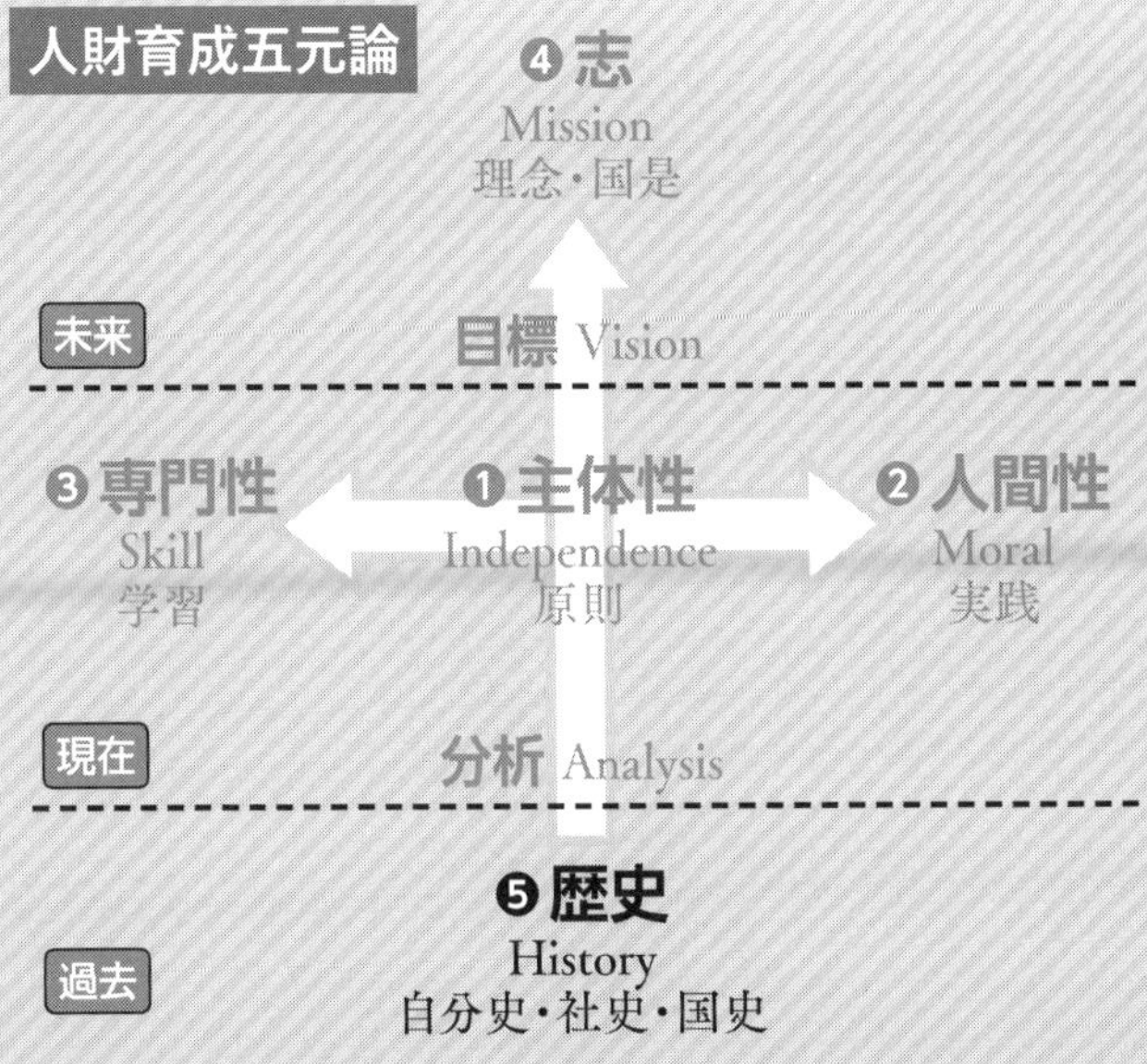

自分史とは、自分がこれまで生きてきた歴史について、出会いや出来事を中心に文章化したものです。

自分史を書くことで、己を知ることができます。

「彼を知り己を知れば百戦殆うからず」(『孫子　兵法』)

己を知ることは、人生成功への第一歩になります。

そして、あなたの志の原点は、過去の出会いや出来事にあります。あの人に出会ったから志が見えてきた。あの出来事があったからこのことを志した。このような原点が過去にあります。原点がある志はあきらめない理由があるからやり遂げることができる。原点がない志はあきらめない理由がないから何かあったらあきらめてしまう。そういうものです。

自分史を書くと、志の原点が見えてきます。その書き方をお伝えしますので、ぜひ、書いてみてください。

自分の半生を文章化すると、なりたい未来も見えてきます

これなら書ける！　自分史の書き方

第5章で、「ミッション・ステートメント　マンダラシート」に、過去のあなたの出会いや出来事を記入することで、自分の「志」や「原則」が見えてくると述べました。実は、このマンダラシートは、自分史を書いた後だとさらに深く書けるものです。

もちろん自分史を書かなくても、「ミッション・ステートメント　マンダラシート」は書けるのですが、その深みが違います。**「私の人生、このようなことがあった。だからこうなりたい」**というのと、「今こうだから、こうなりたい」では、深みがまったく異なります。なりたい未来に対する原点を見出しているのと、原点がないままに成りたい未来を描くのでは、どうしても違ってきます。

原点がないと、どうしてもブレがちです。特に現代は情報が多すぎる。あれもこれもやりたいことがいろいろ出てきます。一点集中がなかなかできない。一点集中しなければ、なかなか形になりません。形にならないままいろいろな情報にさらされれば、情報に踊らされます。ブレていきます。だから原点を見出し、これはやるしかない！　と魂に刻み込

まねば、なかなかやりきらないのです。やりきらなければならないことなどありえません。
そのための自分史です。それでは、自分史はどうやって書けばいいのでしょうか。

一般的には、フリーフォーマットで、過去にあった出会いや出来事について自由に書いていけばいいと思います。確かにフリーフォーマットのほうが、型にはまることなく、自分らしく、いくらでも書けるので、いいことも多いのです。が、逆に何から書いていいのかわからないというデメリットもあります。私もいろいろなパターンを試してきましたが、結果、フォーマットはあったほうがいい、フォーマットとしてはこれがベストというものを見出しました。

これを後述します。ダウンロードできるようにもしています。書き方をわかりやすくするために、私の記入事例も一緒にダウンロードできるようにしました（巻末参照）。ぜひ、ご活用ください。

とはいえ、これには一つ弱点があります。こういうものは、ゲットするだけして、結局、やらないというパターンが悲しいくらいに多いのです。なぜなら、期限がないからです。期限がないと、いつかやろうとして、でもいつかやろうにも日々やることが多いのでつい後回しになり、10日もすれば忘却の彼方というパターンです。なので、「絶対に書く」「いつまでに書く」をイメージしてから、ダウンロードしてください。

なお、研修では、「90分以内」とか「次回研修まで」などと期限を設けると、全員絶対に書いてくれます。今まで1000人ほどの方が、一人の例外もなく書いてくれました。所要時間は、早い人で1時間、じっくり書く人でも3時間もあれば、満足感を得るものが必ず書けます。

人生のうち、たった1~3時間を費やすだけで、驚くべき効果があります。ぜひ、自分史を書いてみてください。

自己理解が深まると、人生に迷いがなくなります

自己理解と他者理解、自己開示と他者開示は比例します

あなたは、どんな人ですか？

自分がどんな人間なのか、何をしたい人間なのか、理解していますか？

これは地味に嫌な質問ですよね。なかなかはっきりと答えられない。答えようと思えばなんとなくは言えるが、明確にこれはと言えない。照れくさい。言いにくい。よくわからない。そんな人が多いのではないでしょうか。

自分は何者なのかがわかることを、**「自己理解」**といいます。自己理解とは、自分の気質、性格、価値観、考え方、態度、行動などを深く知り、それを自分自身が納得して受け止めている状態のことです。自己理解が進むと、自身の個性を把握し、何をやりたいのか、そのためにはどんな道筋で何をするといいのかを知ることができるので、人生に迷いがなくなるといいます。理想的です。

この自己理解を進めるツールが、「自分史」であり「ミッション・ステートメント」で

す。「自分史」「ミッション・ステートメント」を書くだけでも自己理解が相当に進みますが、さらに深めたい場合は、書いたものを仲間同士で見せ合ったり、仲間が書いたものを聴くというのもおすすめです。これを「自己開示」といいます。仲間同士で自己開示することで、信頼関係(rapport)を築き、心理的安全性(psychological safety)が高まるということが心理学で証明されています。同僚や家族で自己開示することが、おすすめです。

いきなり自己開示しろと言われても、照れくさかったり、面倒だったり、相手に意義が伝わらなかったりで、なかなかできるものではありません。そこで、私はこれを研修で行っています。まず、自己理解や自己開示の意義、そして守秘義務についてお話しすることで、こちらが驚くほどみんな真剣に、楽しく取り組んでくださいます。時には涙する人も。涙が涙を呼びます。仲間同士の信頼関係、心理的安全性が高まります。お互いをわかり合えます。仲良くなります。仕事がスムーズに進むようになります。

記入日:　　　　年　　月　　日　所属:　　　　　　　　　　氏名:

歳　　　　　　　　歳　　　　　　　　歳　　　　　　　　歳
年　　　　　　　　年　　　　　　　　年　　　　　　　　年

自分史

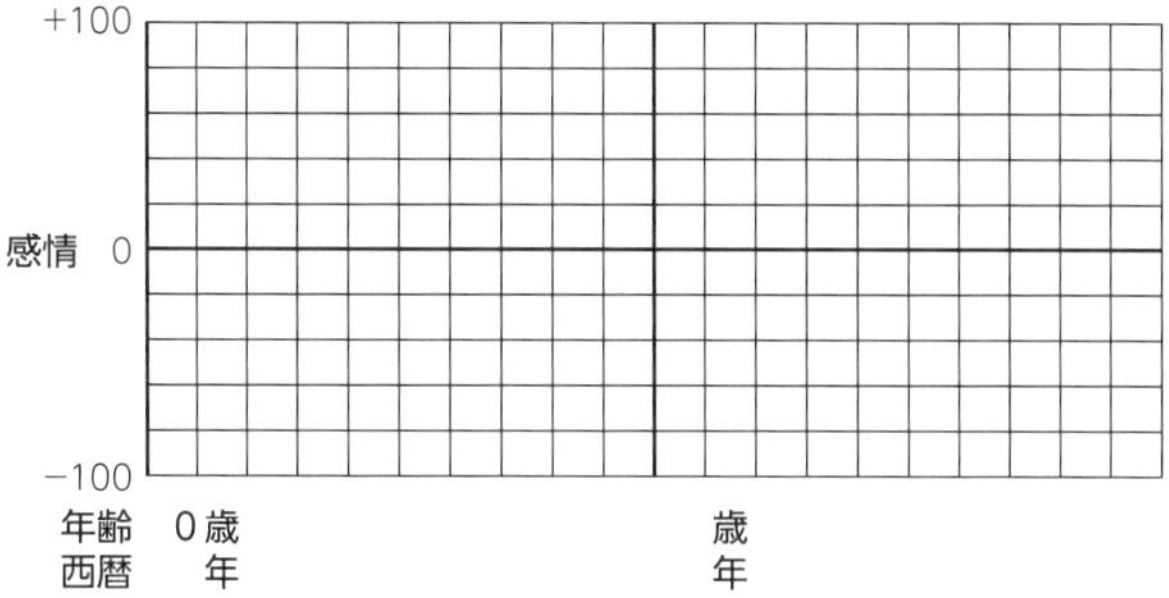

タイトル		
出来事 出会い 気づき		
自らの個性 人生観 夢・志		

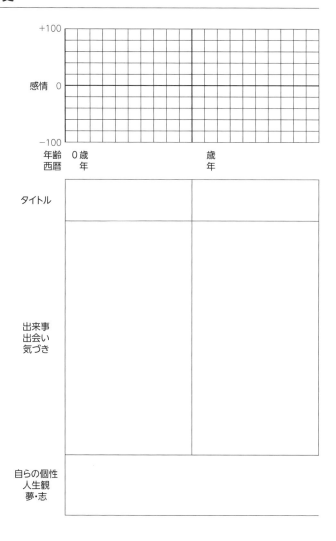

事例

自分史発表のビフォー・アフター

自分を受け容れると、他人も受け容れられ、人間関係が円滑になります

自分史を書く、話す、聞くという**「自己開示」**をすることにより、**「自己理解」「自己受容」**が進む。**「他者受容」**できるようになるというお話をしてきました。それは実際、具体的にどのような効果があるのかということについて、研修で自分史発表を行った後に書いていただいた感想をご紹介します。

自分史の発表はすごく印象的でした。あまり自分自身のことを話すのは好まないのですが、いざ話し出すと意外と話せるなと思いましたし、また他人の自分史を聞いているのがすごく面白かったです。他人から刺激を受けるのと同時に、昔を振り返ることで、自分っていうのはこういう人間なんだなと、あらためて感じさせられました。

自分史を発表し、自己開示し合ったことで、仲間との距離が一気に縮まったのを実感しました。話し合いが弾むので、その後、仕事のことや職場改革のことについて、いろいろ

と話し合うことができました。

自分と向き合う貴重な時間でした。自分はどのような性格なのか、どのような人生を歩んできたのか、これからどうなっていきたいのか。今まで目を向けてこなかったことを言葉にし、仲間に聴いてもらい、書き出すという作業がわかりやすく、今後も続けていきます。

自分史発表は、今日の研修までは自分の過去をさらけ出すことになるので嫌だなと思っていましたが、いざ自分の発表が始まると、だんだん楽しくなってきました。前回の研修から今日までに初めて自分史を作成したのですが、今一度、自分の過去、今後の目標などを見直せるいい機会となりました。「自分史」は紙一枚ですが、宝物になりました。

今回は自分というものがあらためて発見できた。普段、特に気にすることもなかった人生の意味や目的、自身のアイデンティティが明確になってとても面白かった。自分というものを受け容れ、課題を意識することで、職場における人間関係の和やリーダーシップの向上、つまり仕事の効率化につながるのだと強く感じ、今後に活かしていきたい。

この研修を受け、自分史を発表したり、ミッション・ステートメントを書いたり、今までにしたことのない経験がたくさんできたと思います。人前で発表することが苦手だったはずなのに、この研修ではどんどん意見を伝えよう、発表が楽しいという気持ちが強くなり、自分でも驚きました。また、職場の課題が明確になりよかったと思います。

自分をありのままに受け容れているから、他人もありのままに受け容れられるようになる。自己受容の深度と他者受容の深度は同じである。自他一如ということに気づかされる「自分史発表（自己開示）研修」。発表前は抵抗感をもっていた人も、発表後は「よかった」と口をそろえておっしゃいます。自分を受け容れると、他人も受け容れられるようになるので、職場の人間関係が変わります。みんなが仲良くなります。何でも話せるようになります。

私は、半年以上の長期にわたる組織改革研修を行う場合、この「自分史発表（自己開示）研修」を組み込むことをよく提案しています（無理に行うことはありませんが）。

第7章
目標
Vision

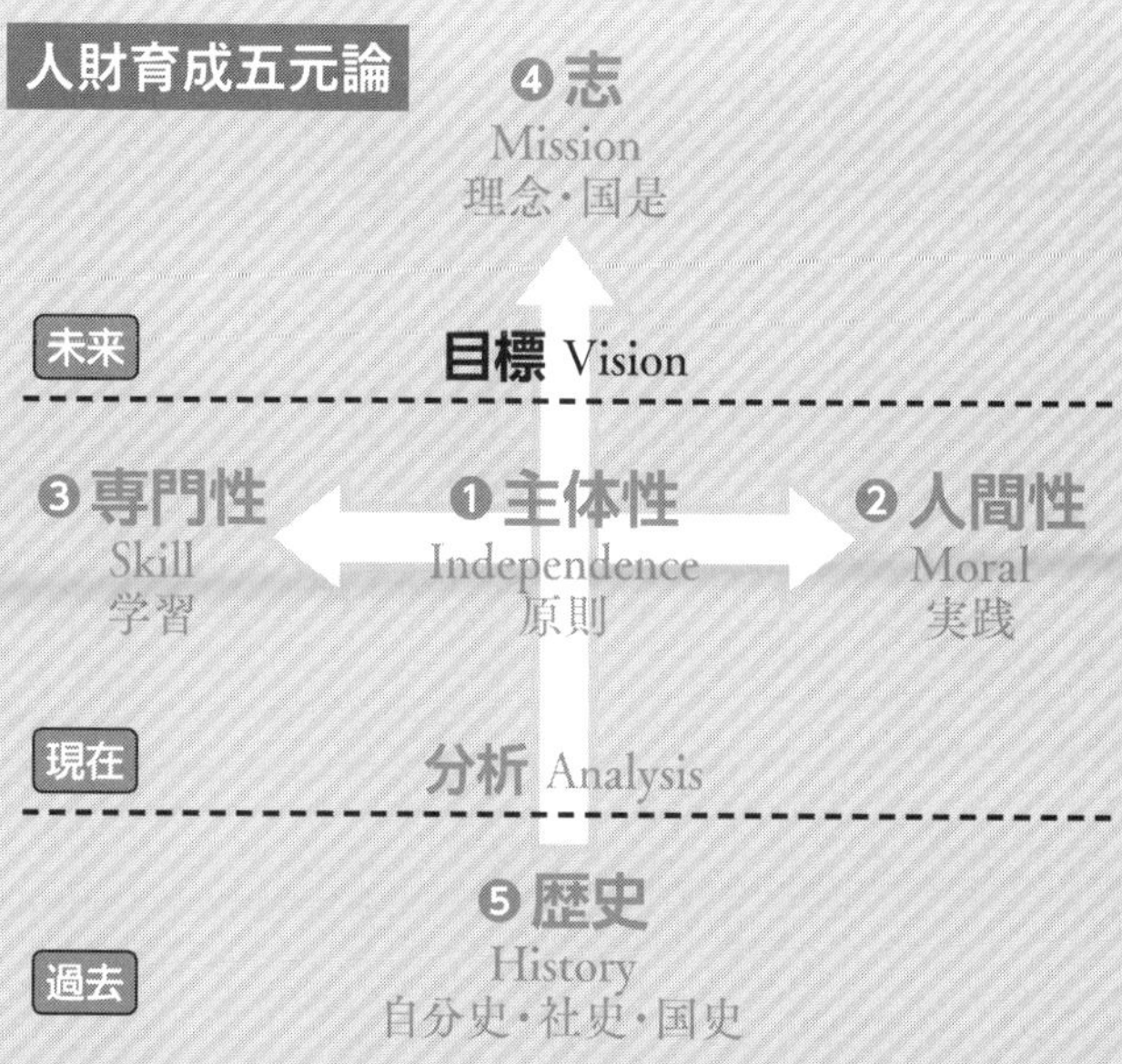
人財育成五元論
❹志
Mission
理念・国是
未来
目標 Vision
❸専門性
Skill
学習
❶主体性
Independence
原則
❷人間性
Moral
実践
現在
分析 Analysis
❺歴史
History
自分史・社史・国史
過去

手が届くかどうかギリギリの、ストレッチ目標を決めましょう

人が最大限力を発揮する目標は、達成率五分五分くらいの目標です

第5章で、自分の志（人生の目的）を描きました。続いて、この人生の目的に対する目標を描きます。その前に、「目的」と「目標」の違いについてお話します。

「目的」とは、「目」で見る「的」（まと）のことです。最終到達地点のことです。

「目標」とは、「目」で見る「標」（しるべ）のことです。最終到達地点に向けての、中間到達地点のことです。

目的が大きすぎる（遠すぎる）と、どこから手を付けていいのかわかりません。思考停止に陥ります。一歩目の行動につながりません。

目的を実現するために必要なのが、適切な目標です。目標は、**ストレッチ目標**がいいといわれます。ストレッチ＝伸ばせばなんとか手が届く＝100％の力を発揮すれば実現できる＝達成率五分五分くらいの目標が、人がいちばん力を発揮するといいます。目標は大きすぎると思考停止に陥りますが、小さすぎると手を抜くようになります。

目標をもつと3つのメリットがあります
だから目標をもったほうがいいのです

「なんでわざわざ目標なんて立てないといけないんだ」と言う人もいます。確かに目標をつくるという行為は、考えないとできないので、とっかかりは面倒です。さらにその目標を達成するかどうかもわからない。しかし、目標を正しく立てることができれば、必ず達成に近づきます。どのようなメリットがあるのか。その代表例を紹介します。

①達成できる

目標を言語化しているから、目標を意識できます。目標を意識できるから、行動できます。行動できるから、達成できるのです。なぜ富士山に登れたのか。富士山に登ろうと思ったからです。誰に言われようが、どんな気づきがあ

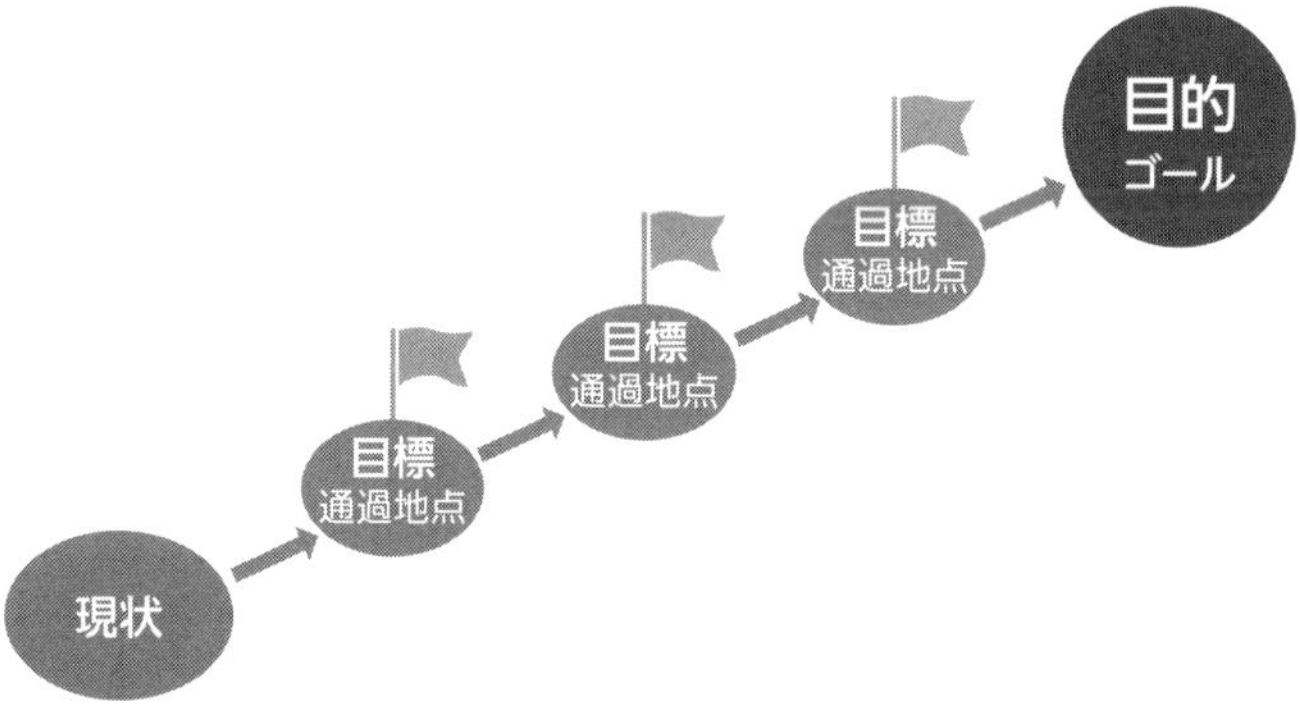

ろうが、最後は自分自身が富士山に登ると決めない限り、富士山に登れることはありえません。目標を決め、言語化し、日々意識し、行動していくことで、目標達成へと近づいていきます。

②行動できる

目標を言語化しているから、意識し、行動できます。目標がなければ、日々の忙しさにかまけて目の前仕事（時間管理のマトリックスの第1領域）しか行いません。それではいつになっても過去の延長線上の人生しか待っていません。目標を言語化しているから、目標達成に向けて行動することができます。第2領域の仕事ができるようになります。

③前向きになる

目標があるから、私たちは前向きになれます。目標がないと、目の前仕事は何のためにやるのかわからない。もっというと何のために生きるのかわからない。これではやる気が出るわけがありません。前途に洋々たる希望があるからこそ、私たちは前向きになれるのです。ワクワクする目標を立ててみませんか。

みんなが幸せになるような目標を立てましょう

三方よしの目標は、達成しやすいものです

目標には、達成しやすい目標と、達成しにくい目標があります。どのようなものでしょうか？

ストレッチ目標か否かだな、とお答えの方、ありがとうございます。その通りです。前に述べましたね。

その上で、もう一つ答えがあります。おわかりになりますか？

それは、自分さえよければいいといった目標は達成しにくく、みんなの幸せを願った目標は達成しやすい、というものです。どういうことでしょうか。

自分の幸せのみを願う目標は、本気に願っているのは結局自分だけなので、自分自身の1馬力しか作動しません。自力だけで達成しなければならない目標です。人は一人では生きていけないのに一人でやらないといけない。なかなか大変です。達成しにくいです。

ところが、みんなの幸せを願う目標は、みんなも望むのでみんなも動いてくれる。応援

してくれる。力を貸してくれる。手伝ってくれる。大いなる他力が働く。みんなの力が累乗に掛け合わされ、何十倍にも、何百倍にもなる。だから達成しやすくなります。

考えてみれば、自分一人だけの幸せというのは、ありえません。「自分は幸せ、みんなは不幸」、これは本当に幸せなのでしょうか。独裁者の末路は悲惨です。世界中、独裁者がずっと幸せだった例は、過去に一度もないのです。一度もです。独裁者自身はよかったかもしれない。が、その子、その孫の代で覆《くつがえ》される。一族郎党皆殺しのような憂き目にあう。独裁者の末路は悲惨、歴史はそう語りかけてきます。

真の幸せとは、「自分も幸せ、相手も幸せ」です。相手が幸せな姿を見て、自分も幸せになる。子供の笑顔を見ると、なんだかこちらも笑顔になりますよね。

もちろん人には妬《ねた》み、嫉《そね》みといったネガティブな感情もあるので、「人の幸せを見るとちょっと」という時もありますが、自分が満たされていれば、人の幸せこそわが幸せです。人は鏡です。**「自分も幸せ、相手も幸せ」**、これこそ私たちが目指す世界です。

これを、近江商人は、**「三方よし」**と言いました。三方よしとは、「売り手よし、買い手よし、そして世間よし」の三方です。商売において売り手と買い手が満足するのは当然のこと、社会に貢献できてこそよい商売といえるという考え方です。この三方がよしとなる商売は、必ず繁盛する、永続するといわれています。

さらに現代では、**「四方よし」**という言葉もあります。「自分よし、お客様よし、会社よし、そして社会よし」という世界です。

こうした、三方も、四方もよくなるような目標、Ｗｉｎ－Ｗｉｎになるような目標、これが達成しやすい目標です。なぜなら自力だけでなく他力も働くから。あなたも「みんなが幸せになるような目標」を描いてみてください。

具体的にどんな目標がいいのかわからないという方におすすめなのは、「至誠」です。自らの人間性を高めるのです。自分が成長すれば成長する分だけ、人にたくさんの価値を提供できる。お役立ちできる。だから必然的にＷｉｎ－Ｗｉｎになります。このように、自分も、お客様も、会社も、社会もよくなる目標を描いてください。

目標はシンプルに立てましょう

この5つを押さえると、達成しやすくなります

あなたは目標を立てるとき、どのようにやりますか？

自分の目標なんだから、他人からああせいこうせいと言われる筋合いはありません。自分で自由に、フリーフォーマットでつくればいいのです。とはいえ、フリーフォーマットだとなんだか不安。目標達成できた試しがない。どうせなら、実績のある目標の立て方を教えてほしい。そんな方もいらっしゃると思います。

目標の立て方にはいろいろあります。私も試行錯誤し、いろいろなパターンを試しました。行き着いたのは、至ってシンプルな方法です。目標設定法の世界では、「ベーシック法」と呼ばれるもので、汎用性が高く、どなたでも難なく活用できる、優れものです。それをさらに使いやすくするために、私なりに少々アレンジしました。ご紹介します。

「目標設定法」（ベーシック法改）

① 達成時のワクワク（自分や周りの幸せ・変化・成長・ごほうびなど）をイメージする！

②何を？（目標項目）

1 向上・強化 現状ですでに問題のない状態だが、よりレベルアップさせていこうという目標項目。

2 改善・解消 現状で問題を抱えていて、それを改善したり解消したりしようという目標項目。

3 維持・継続 現状を維持すること、今までやってきたことを継続する目標項目。

4 創出・開発 新しいことを始めようとするときの目標項目。失敗や未達成のリスクは高いが、達成時の充実感や成長度は大きい。

③どれくらい？（達成基準）

なるべく「数値」で。数値化が難しい場合は「状態」で表現する。

プロセスやアウトプット（行動量、試行回数、制作物）を用いると数値化しやすい。

例：「毎月50kmのジョギングを継続する」
「東南アジアで現地人とストレスなく英語で会話できる」
「社員向けのメルマガを毎月1回以上送る」
「企業理念に関する研修会を半年に1回開催する」

「行動規範が具体的にイメージできる評価項目を設定した人事評価制度を再構築する」

④いつまでに？（達成期限）

最終達成期限、および月次や週次の中間目標を表現する。

例：「今年中に勉強している資格を取得する」

「3カ月に1回海外に行き、一人以上の現地人と連絡先を交換する」

⑤どのように？（達成計画）

具体的に日々実践することは何か。日々何をすれば達成に近づくのか。

千里の道も一歩から。継続は力なり。

いかがでしょうか。これで、あなたらしい目標を立てることができそうですか？

このフォーマットとして、**「目標達成計画書（短期版）」**と**「目標達成計画書（年度版）」**の2つを後述します（226〜229ページ）。どうぞご活用ください。

目標は毎日見て、忘れないようにしましょう

人は忘れる生き物です。忘れない工夫をすることが目標達成のコツです

エビングハウスの忘却曲線

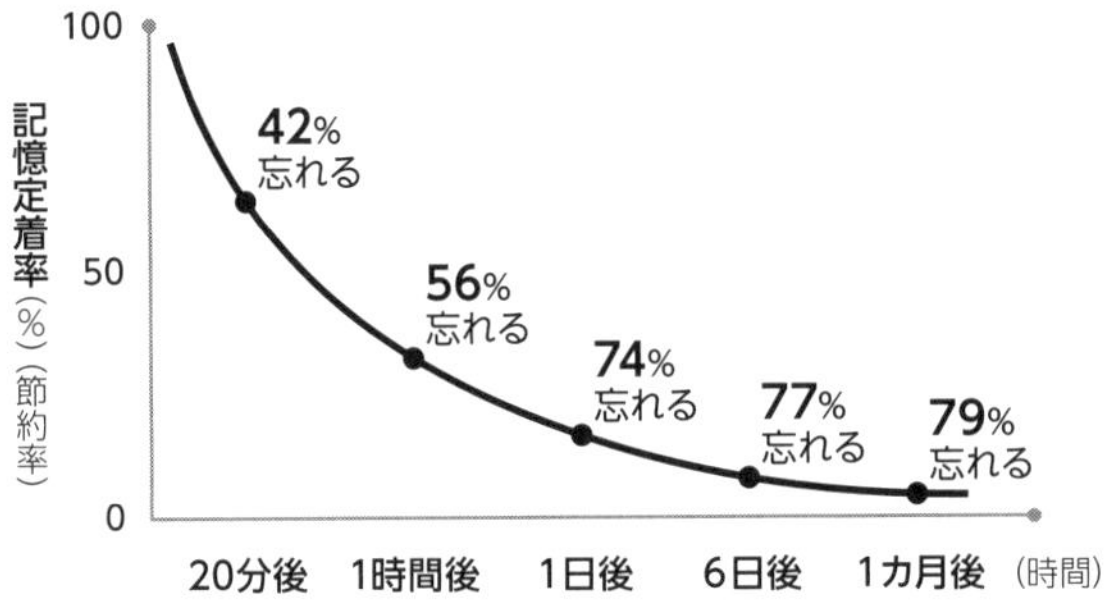

あなたは目標を立てても、三日坊主になりませんか？

なぜ三日坊主になるのか。理由は単純です。忘れるからです。エビングハウスの忘却曲線によると、人は1時間で記憶の56%を忘れ、1日で記憶の74%を忘れるといわれます。人は忘れる動物です。

さらに目標というのは、時間管理のマトリックスの第2領域にあるものです。第2領域の特徴は、期限がないこと。いつやってもいい。やらなくてもすぐに困ることはない。そうやってどんどん後回しになって、結局忘れる。一年の計は元旦にありなので、元旦に「今年こそダイエット！」と目標を立てるのはいいの

ですが、1月末には忘れている。こんなことばかりではありませんか。

どうすればいいのでしょうか。忘れなければいいのです。日々思い出せばいいのです。思い出せば勝手にワクワクする。尻に火が点く。やろうと意識する。そうすることで、今日、一歩踏み出すことができるかも知れません。

一歩一歩の行動の積み重ねでこそ、目標達成に近づくことができます。千里の道も一歩からです。イチロー選手はこう言っています。**「小さいことを積み重ねることこそ、とんでもないところに行くただ一つの道」**だと。

日々思い出すための方法もただ一つ。目標を毎日見るようにすることです。「いやあ、それこそやらなくなる」。人はそうおっしゃいます。ではどうすればいいか。毎日のルーティンに組み込むことです。それも、できれば人と一緒に行うのが理想です。

会社で目標設定したのであれば、朝礼の時間に1分、自分の目標を黙読する時間をとる。個人で目標設定したのであれば、朝、家族と、自分の目標を黙読する時間をとる。朝食時に話し合う。それが難しければ通勤時スマホを見る前に目標を黙読する。何でもいいのです。とにかくルーティンに組み込むこと。組み込まなければ必ず忘れます。1年の計を元旦に立てたのに、1月末には「今年の目標、何だったっけ?」になります。

G-PDCAサイクルを回しましょう

常に目的・目標を意識して行動しましょう

これまで記したことを行うことで、**G-PDCAサイクル**が完成します。

G-PDCAサイクルとは何か、おわかりになりますか？

G−PDCAサイクル

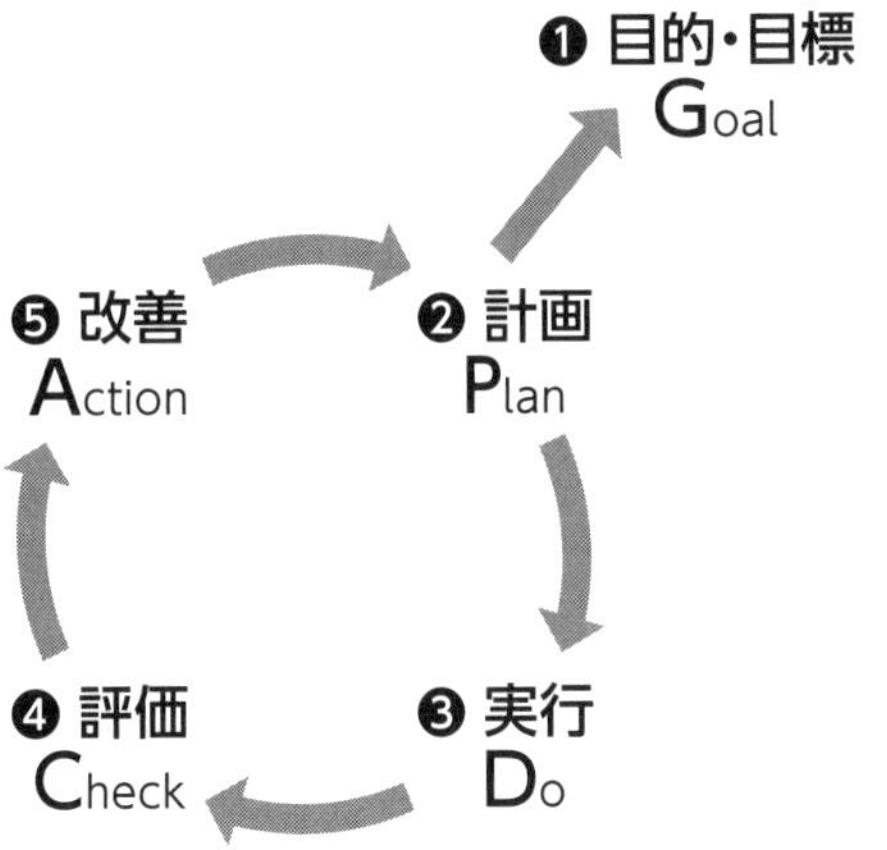

　G-PDCAサイクルとは、PDCAサイクル（Plan：計画　Do：実行　Check：評価　Action：改善）に、G（Goal：目的・目標）を加えたものです。目的・目標に向かって、計画を立て、実行し、評価、改善する。この計画→実行→評価→改善をぐるぐる回していくことで、目的・目標を達成していくというものです。

　G-PDCAサイクルを回すためのチェックポイントは、次の5点です。

①**目的・目標**は「四方よし」(自分も、お客様も、会社も、社会も幸せ)になっているか
②**計画**は、「何を」「誰が」「いつまでに」が明確か
③**実行の成否**は、「やって、うまくいった」「やって、うまくいかなかった」「やらなかった」の3パターンのみ。これを切り分ける
④**評価**は誰が、いつするか
⑤**改善**の話し合いはいつするか

この5点をきちんと描けているか、しっかり見極めてください。どこかにモレがあればやらなくなります。モレがなければPDCAが回ります。G(Goal)が近づきます。

なお、後述の「目標達成計画書」は、この5点が表現できます。特に④評価、⑤改善が行えるようになっている点で秀逸です。記入をお勧めします。

一学一践、そして継続は力なり

ここまできたら、あとはやるだけです

「一学一践」という言葉、ご存知でしょうか？

一学一践とは、「一つ学んだら一つ実践しよう」という意味です。学びは実践につなげなければ意味がありません。なぜか。忘れてしまうからです。前述のエビングハウスの忘却曲線の通りです。いくら学んでもいつかは忘れます。

しかし、忘れない方法があります。実践することです。実践すれば、記憶は徐々に定着していきます。だから、まずやることが大事。ぜひ、実践につなげてください。

「知行合一《ちこうごういつ》」という言葉があります。「知は行の始なり、行は知の成るなり（知ることは行為の始めであり、行為は知ることの完成である）」という意味です。そして、「行動を伴わない知識は未完成である」とも言い表されます。本書で学んだ知識について、行動することで完成させませんか。

実践するにあたり大事なことは、**「一点突破・全面展開」**です。あれもこれもいっぺんにやることはできません。リソース（経営資源）が分散するので、どれもが中途半端にな

ります。これでは達成できません。ではどうすればいいか。「一点突破・全面展開」です。まず一点を集中して行い、成果が出てから次のことを行う。次の成果が出たら、さらに次のことを行う、という形が理想的です。

織田信長はなぜ桶狭間の戦いで今川義元に勝てたのでしょうか。織田軍約3000に対し、今川軍は約2万5000です。籠城しようが合戦しようが信長に勝ち目はありません。ではどうすればいいのか。奇襲です。奇襲するしかありません。緒戦の相次ぐ敗戦で死んだふりをし、敵も味方も油断させてから、急に起き上がり、「狙うは義元の首、ただ一つ」と積極果敢に行動し、一気呵成に義元に勝負を仕掛ける。首をとったら残された敵は雲散霧消。

兵力の分散配置は各個撃破されます。兵力の逐次投入は各個撃破されます。どちらも兵家の忌《い》むところです。一点突破・全面展開しましょう。

本書も最後になりました。最後にお伝えしたいのは**「継続は力なり」**です。実は、実践しても、自分も、周りも、すぐに変わるものではありません。実践と結果は、成長曲線のように、累乗のグラフのような形で比例します。すなわち、実践して数日くらいでは、自

成長曲線

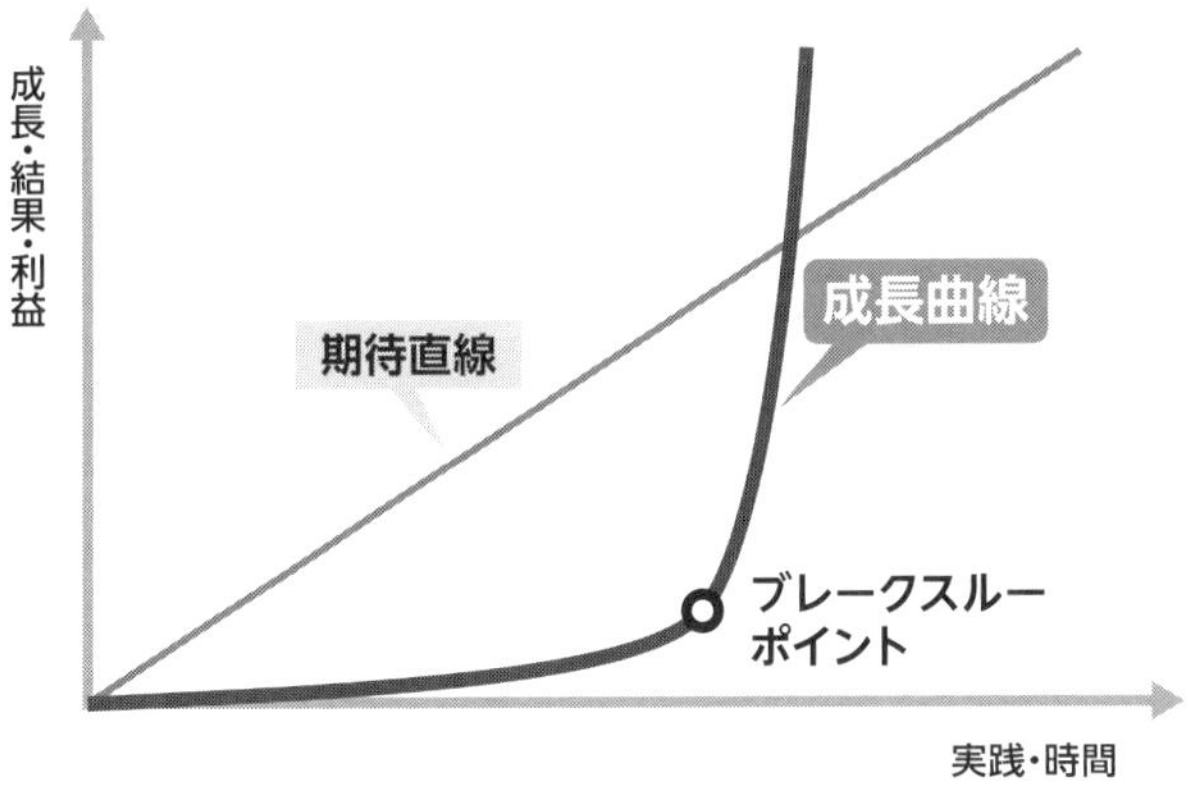

分も周りもほとんど変化はありません。変化がないから、意味がないとすぐにあきらめたり、三日坊主になったりして、なかなか継続しません。継続せずして変わるわけがないのです。

しかし、逆もまた然《しか》りです。継続して変わらないことは、ありえません。やればいつか必ず変化します。目に見えて変化する日、これが**ブレークスルーポイント**です。継続すればいつか必ず変化する。その日を楽しみに、継続してください。私も、トイレ掃除をやり続けたら、臨時収入があったりとか、家族も実践してくれるようになるなど、目に見えた変化がありました。その日を楽しみに、継続してください。共に歩んでいきましょう！

年　　月　　日　社名:　　　　　　　　　　　　　氏名:

※評価⇒ ◎：達成（または予定通り進捗中）　○：達成（進捗）度80%以上
△：達成（進捗）度50%以上　×：達成（進捗）度50%未満

責任者 (Who)	期限 (When)	評価 (Check)	振り返り・改善（Action）

目標達成計画書（短期版）

★「　　　　　　　　　　　　　　　　」理念
「　　　　　　　　　　　　　　　　」を実現するための目標達成計画書

目標(Vision) 「何のために」 (Why)		計画(Plan) 「何を・どの程度(数値化)・どうする」 (What・How many・How)	

所属:　　　　　　氏名:　　　　　　直属上司:　　　　　　上位上司:

※評価⇒ ◎：達成　　　○：達成度80%以上
△：達成度50%以上　×：達成度50%未満

(Schedule)						評価(Check)				
10月	11月	12月	1月	2月	3月	本人	振り返り・改善 (Action)	直属上司	講評	上位上司

目標達成計画書（年度版）

作成：　　　年　　月　　日

★「　　　　　　　　　　　　　　」理念
「　　　　　　　　　　　　」を実現するための目標達成計画表

順位 (Priority)	目標(Vision)「何のために」	計画(Plan)「何を・どの程度（数値化）・どうする」	計画					
			4月	5月	6月	7月	8月	9月

事例

私たちはこうして「ONE　TEAM」になりました

認定こども園 まあや学園（兵庫県）

「ONE　TEAM」とは2019年に流行語大賞を受賞した、ラグビーワールドカップでベスト8に進出した日本代表のチームスローガン。「みんなで一つのチームにまとまって戦おう」「全員で同じ目標に向かって一つになろう」、そんな意味が込められています。

こんな職場だったら、最強ですよね。

とはいえ、どうしたらこんな職場をつくれるんだろうと、多くの方がおっしゃいます。

そこで、ONE　TEAMづくりをチームメンバー全員で体験し、その体験を職場で活かすという研修があります。

「チームビルディング研修」です。これは、非日常体験にしたほうが、日頃の人間関係・上下関係を打破しやすいので、アウトドアで行うことの多い研修です。兵庫県の認定こども園 まあや学園で、2日間のチームビルディング合宿研修を行い、受講者から次のような感想をいただきました。

「私は、学生時代ずっと剣道をやっていました。勇気をもって相手に一歩踏み込む。全力でやりあう。日々本気で取り組んでいました。

が、社会人になり、いつのまにか本気でやることがなくなりました。面倒くさいとか、本気出すなんてカッコ悪い、忙しい、疲れたなどと言って、本気でやることを忘れていました。

そしてこの研修。土日をつぶして2日間。正直、面倒くさいな、と思いながらの参加でした。

が、研修中のミッションをみんなで取り組んでいくうちに、だんだん本気になっていくんですよね。本気になると、みんなが本当の仲間になり、一体感が生まれるんですよね。一体感をもちながら目標を達成すると、すごく嬉しいんですよね。みんなでハイタッチするとか、感動するとか、悔しくて涙するなんて、もう10年以上、忘れていました。

この研修で、本気で取り組むことの大事さ、楽しさを思い出しました。

正直、ここ数年の自分は、腐ってました。

腐った自分を海に捨て、本気でやります!!」

（会場の目の前が瀬戸内海だったため、こんな宣言が飛び出しました）

「2日間、久しぶりに、みんなで大きな声を出して本気で取り組みました。ゲームのようなミッションをやっていくうちに、みんなの気持ちが一つになっていくのを肌で感じられたことがすごくよかったです。本気でやった人にしかわからない達成感‼ すごく気持ちよかったです。

私の2日間を通しての目標は、「人の話は最後まできちんと聴く」でした。2日目の午後には、人の話を聴けているのか、「目立たなくなった！」と言われましたが、私自身はあまり発言を抑えている感じはなかったので、きっと周りの人達が自分の意見を大きな声で発言していたんだと思います（それで私が目立たなくなった……）。

これは今までの当園ではありえないすごいことです。

こんなにみんなリーダーシップがとれて、楽しく物事を進めていく力があったんだ‼って新しい発見でした。

この一人ひとりの力を信じて、みんなで楽しい職場をつくっていきます。2日間、ありがとうございました！」

この体験はもちろん、次の日からの職場での仕事に活かされています。**「全員で目標を一致させる」「目標に向かって全員が一丸となる」「全員で目標を達成すると感動する」**ことを体感したわけです。翌日から即、現場での話し合いが活発になりました。何かあったら自分一人で抱え込むのではなく、まず話し合おう、話し合ってみんなで結論を見出そう。そんな体質になりました。困難にくじけないようになっていきました。

この職場は、認定こども園（保育園と幼稚園の一体型施設）です。現場にはいろいろな子供がいます。いろいろな保護者がいます。一見楽しそうな仕事ですが、いろいろな人がいるだけに、悩みのつきない仕事です。ましてやこの園は、2年後に園舎の全面改築が控えていました。決め事が多いということは、もめ事も多くなります。大変です。が、この感動体験で培った**「目標一致力」「全員一丸力」「本気力」「議論力」「意思決定力」**により、様々な困難を全員で次々にクリアしていき、無事、園舎の全面改築が竣工しました。

その1年後には2園目も開設。「先生方が笑顔で、元気で、礼儀正しい」かつ「美しい園舎・面白い園庭で、子供が元気になる」と地域から高い評価をいただいています。この研修が、こんなにも笑顔あふれる園をつくるきっかけの一つになったのであれば、とても嬉しく思います。

あとがき

13万字→8万6000字。

これは何の数字かというと、本書の文字量です。もともと13万字ほど書いたのですが、紙面の関係もあり、わかりやすく・シンプルに・読みやすくをモットーに磨き上げ、本書が完成いたしました。

いかがでしたでしょうか。読者のみなさまから見て、わかりやすく、一歩踏み出す勇気が湧き出たのであれば、本書の目的は達成したといえます。

私としては、もっともっとお伝えしたいこともあるのですが、これはまた、実際にセミナーや研修などでお会いした時のお楽しみとさせてください。

この本は、以下のみなさまに出会わなければ、書くことができませんでした。

角田識之（臥龍）先生。2006年に出会って14年間、弟子として背中を追い続けさせていただいています。師の背中が近づいてきたかなと思うと、また遠くなる。いつになっても追いつくことができません。これからも、背中を魅せ続けてください。

林英臣先生。「原大本徹（原点・大局・本氣・徹底）」の教えが、人財育成五元論のベースになりました。古典に学びの原点があることを先生に教えていただきました。これからも経世志塾にて、よろしくお願いいたします。

須田達史先生。中心道武術の教え、有無を言わさぬ法則性、いつも畏《おそ》れとともに教えをいただいています。コアチューニング、毎日実践しています。これからもご指導、よろしくお願いいたします。

池間哲郎先生。日本塾の教え、衝撃的でした。植民地支配とは何たるものか。先人はわが国をどう守ったのか。戦慄《せんりつ》が走りました。涙しました。これからもご指導、よろしくお願いいたします。

池田東史雄先生。「人間力」とは何たるものか、どうしたら高めることができるのかを教えていただきました。人間力研修のエッセンス、本書にも随所に含めました。これからもご指導、よろしくお願いいたします。

クローバー出版のみなさま。特に編集を担当してくださった田谷裕章様、そして小関珠緒様。遅筆の私をいつも優しくサポートしてくださり、心より感謝します。お二人がいなければ、書き上げずに途中で心折れていたかもしれません。ありがとうございます。

さらに、研修いたしました200社以上のみなさま。研修が「打ち上げ花火」にならないよう、変わり続ける会社になるよう、真剣に研修いたしましたが、まだまだ力不足な点もあったように思います。申し訳ございません。おかげさまで多くの経験を積み、変わり続ける会社づくりを支援する講師へと進化させていただきました。またぜひ、お会いしましょう。

そして、家族にも御礼を述べさせてください。

両親へ。お父さん、お母さんがいなければ、育ててくれなければ、私は存在していません。本を書くことはできません。いつも愛をもって接してくれてありがとうございます。お父さん、お母さんの子供に生まれてきて本当によかった。感謝しています。

妻へ。いつも家のこと何もできない夫でごめんなさい。あなたの支えがあったからこそ、会社創業後10年間、大過なく仕事に邁進できました。そして本を書き上げることができました。いつもありがとう。感謝しています。

長男、次男へ。この1年間、ほとんど遊べずにごめんなさい。いい父じゃないなと思うけど、いつも慕ってくれてありがとう。君たちがいてくれることが父にとってどれだけ励みになっているかわかりません。感謝します。

最後になりますが、読者のみなさまへ。本書をお読みいただき、誠にありがとうございました。そのささやかな御礼として、本書で紹介したシートと、著者記入版の事例を、読者限定でプレゼントいたします。

ぜひ巻末をご覧いただき、特典を入手なさってください。後回しにすると忘れますので、「今」入手されることを、熱烈推奨いたします。本著では紹介しきれなかった特典シートもありますので、楽しみにご覧になってくださいね。その際、併せて著者が毎週発行しているメルマガもプレゼントします。どうぞご笑覧ください。

末永くお付き合いできること、心より祈念しています。

感謝を込めて。

２０２０年８月

入江　元太

■参考文献

◉『人を動かす』 D・カーネギー （創元社）
◉『7つの習慣』 スティーブン・R・コヴィー （キングベアー出版）
◉『生涯顧客が生まれる101のマジック』 角田識之 （明日香出版社）
◉『人間力が介護の現場を変える！』 池田東史雄 （同友館）
◉『生き方入門―マザー・テレサと松下幸之助の教え』 上甲晃 （致知出版社）
◉『万人幸福の栞』 丸山敏雄 （新世書房）
◉『修身教授録』 森信三 （致知出版社）
◉「心を磨くトイレ掃除」 （NPO法人 日本を美しくする会）
◉『「そ・わ・か」の法則』 小林正観 （サンマーク出版）
◉『しつもん仕事術』 松田充弘 （日経BP社）
◉『態度教育ハンドブック』『職場の三原則ハンドブック』（NPO法人 エンジェルサポートアソシエーション）

【著者プロフィール】

入江元太（いりえ・げんた）

人財育成コンサルタント・研修講師
株式会社入江感動経営研究所　代表取締役
中小企業診断士

1997年に慶應義塾大学経済学部を卒業後、大手電機メーカーに就職。コンサルティング会社を経て、2010年に（株）入江感動経営研究所を創業。

「人財育成で日本を元気にする!」を理念とし、年間100回以上の講義を行っている。

2009年に初めて合宿研修に登壇し、人が変わる瞬間を共創できたことに感動し、以来12年間、人財育成講師道を探求している。

この道を突き詰めると、世の研修は、その場のモチベーションは上がるが長続きしない「打ち上げ花火型研修」が多いこと、そしてそれを自分も行っていることに気づき、愕然とする。

以来、どうすれば人は変わり続けるのか、組織は変わり続けるのかを思考し、研修で実践し、検証し、改善する、これを繰り返し、独自メソッド「人財育成五元論」を確立。

研修では、主体的に話し合う場づくりに専心し、会議活性化と、高速PDCA化を促進することで、「離職ゼロ化」「志望者倍増」「業績V字回復」などの成果多数。

講義実績は、一部上場企業や、日本最古の知的障がい者支援施設など、累積200社、1,000回、10,000名以上。

人財育成・研修・セミナー等に関するお問い合わせは、こちらよりお願いいいたします。
入江感動経営研究所：https://www.iriekando.com/
連絡先：info@iriekando.com

●読者限定特典●

本著で紹介したシート（Excel）と、著者記入版の事例（PDF）をプレゼントします。

下記のページにアクセスし、必要事項（お名前とメールアドレス）を記入して、送信ボタンを押してください。

https://kandokeiei.com/fx/wSDcD5

装　丁／齋藤 稔（ジーラム）
制　作／（有）アミークス
校正協力／永森加寿子
編集協力／小関珠緒
編　集／田谷裕章

「人財育成」の教科書
～指示待ち人間ゼロの組織を作る5つの鉄則～

初版１刷発行 ● 2020年８月25日
４刷発行 ● 2022年10月28日

著者
入江《いりえ》 元太《げんた》

発行者
小田 実紀

発行所
株式会社Clover出版
〒101-0051 東京都千代田区神田神保町3丁目27番地8　三輪ビル5階
Tel.03(6910)0605　Fax.03(6910)0606　https://cloverpub.jp

印刷所
日経印刷株式会社

ISBN978-4-908033-85-8　C0034